Revolución haitiana

Una guía fascinante de la abolición de la esclavitud

© *Copyright* 2019

Todos los derechos reservados. Ninguna parte de este libro puede ser reproducida de ninguna forma sin permiso escrito del autor. En el caso de reseña de libros, podrán citarse breves pasajes.

Aviso legal: Ninguna parte de esta publicación puede ser reproducida o transmitida de ninguna forma ni de ningún modo, mecánico o electrónico, incluso fotocopiado o grabado, o por cualquier sistema de recuperación o almacenaje de información, o transmitido por correo electrónico sin permiso escrito del editor.

Mientras que la intención ha sido verificar toda la información ofrecida en esta publicación, ni el autor ni el editor asumen responsabilidad alguna por errores, omisiones o interpretaciones contradictorias del tema del presente documento.

Este libro tiene como único fin el entretenimiento. Las opiniones expresadas son únicamente las del autor y no deben ser tomadas como órdenes o formación experta. El lector es responsable de sus propias acciones.

El comprador o lector es el único responsable de cumplir todas las leyes y regulaciones aplicables, incluyendo las leyes internacionales, federales, estatales y locales que rigen las licencias profesionales, prácticas empresariales, publicidad y todos los demás aspectos de hacer negocios en EE. UU., Canadá, Reino Unido o cualquier otra jurisdicción.

Ni el autor ni el editor asumen responsabilidad u obligación alguna en nombre del comprador o lector de estos materiales. Cualquier falta de respeto percibida por cualquier individuo u organización no es intencionada.

Índice

INTRODUCCIÓN 1
CAPÍTULO 1: LA RIQUEZA DE SAINT-DOMINGUE 3
CAPÍTULO 2: EL PRINCIPIO DEL FIN DE LA COLONIA FRANCESA ... 6
CAPÍTULO 3: PLANEANDO UNA DE LAS REVOLUCIONES MÁS TRASCENDENTALES DE LA HISTORIA 12
CAPÍTULO 4: COMIENZA LA REVOLUCIÓN 16
CAPÍTULO 5: SE EXTIENDE LA REVOLUCIÓN 19
CAPÍTULO 6: CÚMULO DE EVENTOS EN EUROPA 26
CAPÍTULO 7: LA ABOLICIÓN DE LA ESCLAVITUD Y LA RESPUESTA BRITÁNICA 31
CAPÍTULO 8: LA LLEGADA AL PODER DE TOUSSAINT LOUVERTURE 37
CAPÍTULO 9: LA DERROTA DE INGLATERRA Y EL RESPETO INTERNACIONAL 42
CAPÍTULO 10: EL ASCENSO DE NAPOLEÓN Y SU EFECTO INICIAL EN SAINT-DOMINGUE 49
CAPÍTULO 11: EL FIN DE LA REVOLUCIÓN 55
CAPÍTULO 12: DESPUÉS DE LA REVOLUCIÓN – LA RECONSTRUCCIÓN DE HAITÍ 61
CONCLUSIÓN 64

Introducción

A finales del siglo XVIII y principios del XIX se sucedieron revoluciones por todo occidente. Desde América a Francia, pasando por Saint-Domingue, todos los revolucionarios buscaban lo mismo: la independencia de la tiranía, aunque cada revolución se encontraba con un tipo diferente. En la pequeña isla de Saint-Domingue, los dueños de los esclavos fueron los tiranos que, no solo les sometían, sino que se creían con el derecho de arrebatarles su vida a discreción propia. La revolución en Haití fue la primera, y única, que acabó creando un nuevo estado.

El éxito de la rebelión de esclavos, conocida en la actualidad como Revolución haitiana, empezó a cambiar la forma en la que el mundo veía a los sometidos. Aunque tuvieron que pasar más de 100 años para erradicar la esclavitud en occidente, las similitudes entre el comportamiento americano y francés respecto a los esclavos era innegable.

A pesar de que los ya libertos de Saint-Domingue fueron capaces de alcanzar cierto nivel de libertad antes del cambio de siglo, la intromisión de otros países europeos mantuvo al país bañado de sangre hasta 1804. Tuvo que pasar casi una década entre la rebelión de esclavos inicial y la masacre final para que otros países reconocieran la independencia de Haití.

Capítulo 1: La riqueza de Saint-Domingue

Toda la isla fue una colonia española llamada La Española hasta el tratado de Ryswick en 1697, donde los españoles reconocieron la soberanía de Francia sobre el tercio oeste de la isla. Los franceses habían ocupado esta porción durante la mayor parte del siglo, de manera que ya estaban plenamente establecidos cuando reconocieron sus derechos sobre el territorio. Esto fue parte de la causa del floreciente éxito de la región que se llamaría Saint-Domingue.

Durante los siguientes 100 años los franceses desplazaron a la isla aproximadamente 800.000 esclavos de África. Los colonos rápidamente comenzaron a utilizar métodos de intimidación cada vez más crueles y barbáricos mientras que los esclavos estaban cada vez más desesperados por un cambio. La mayoría del siglo XVIII vio pequeñas revueltas y conspiraciones que buscaban establecer pequeños reductos de libertad. Su fracaso radicó en la peor organización de los esclavos frente a los señores.

Confiando en su control sobre los esclavos fueron capaces de convertir las fértiles tierras en una colonia muy rentable para

Francia. Antes de la rebelión de esclavos de 1791, la colonia francesa de Saint-Domingue era, junto a Jamaica, el exportador de azúcar más importante del mundo. Como resultado de esta creciente prosperidad y potencial de la isla, se movió la capital a la ciudad portuaria de Puerto Príncipe, en el lado oeste del territorio. Este cambio permitió una mejora en el flujo de transporte y esclavos desde y hacia la isla.

Mientras que el azúcar era el producto más exportado de las islas del Caribe, Saint-Domingue también vendía otros productos codiciados, especialmente el café y el algodón. El suelo fértil y el clima favorable para cultivar lo hacían ideal para cosechar una amplia gama de productos difíciles de producir en otros continentes.

Sin embargo, el auge de la agricultura provocó varios factores perjudiciales para una sociedad que no podía perpetuarse. La gran demanda de mano de obra para mantener su estatus de joya de las colonias recayó en incontables esclavos. Como una de las colonias más productivas, y desde luego la más rentable de las francesas, la monarquía no iba a considerar la idea de liberarles.

A pesar de esta postura, la crueldad, el abuso salvaje y la negativa a reconocer la humanidad de los esclavos, unido al extremo desequilibrio en la proporción de colonos y sometidos, consternó tanto al rey Luis XIV que promulgó el *Code Noir* en 1685. La intención de este código era evitar las prácticas violentas más crueles que prevalecían en la época. Aunque se seguía considerando a los esclavos como propiedad, Luis XIV no veía justificada, ni moralmente aceptable, la brutalidad de los colonos.

A pesar del *Code Noir*, los propietarios defendieron que sus acciones estaban justificadas por el peligro de una rebelión potencial, de manera que, en los siguientes 100 años, el trato violento no hizo más que empeorar.

Guillaume Raynal, uno de los filósofos más venerados de la Ilustración francesa, fue uno de los más vocales sobre lo inevitable que era un alzamiento debido a la crueldad inhumana de los colonos.

Raynal defendía que los esclavos eran humanos que tenían un punto límite a todo este sufrimiento. Ya avisó más de 10 años antes de la famosa declaración francesa de los Derechos del Hombre y del Ciudadano: "Los africanos solo quieren un líder, suficientemente valiente, para liderarles en la venganza y la masacre". Mientras que los franceses eran capaces de ver su propia opresión bajo la monarquía, no podían extender la misma ideología a los esclavos que ellos oprimían y de los que abusaban. La única parte de la profecía de Raynal a la que prestaron atención fue el peligro de la unidad de los esclavos. En vez de modificar su comportamiento para mejor, se volvieron más crueles, buscando doblegarles. Esto no consiguió amedrentar a los esclavos, sino que el incremento de la brutalidad les convenció de la necesidad de una rebelión.

Tal como predijo Raynal, así fue. Sin embargo, es irónico que la rebelión fuera suscitada por la Revolución francesa. Los esclavos se identificaron con sus ideales y creencias, pero fue la brutalidad de la población francesa oprimida bajo la monarquía la que parece haber inspirado la organización de una rebelión estratégica.

Capítulo 2: El principio del fin de la colonia francesa

A lo mejor la única razón por la que los colonos escucharon a Raynal fue debido a la desproporción extrema entre esclavos y los otros habitantes de la isla. El número de sometidos superaba a los propietarios y libertos en una proporción de 10 a 1. Los esclavos oprimidos habían forjado su resentimiento durante las décadas preliminares a la rebelión. Las condiciones de trabajo en el Caribe eran increíblemente severas, desde el calor asfixiante a huracanes, pasando por enfermedades mortales. Tanto la malaria como la fiebre amarilla exterminaba a casi el 50% de todos los nuevos esclavos africanos en los primeros cinco años. Como resultado, los dueños tendían a proporcionar lo mínimo para mantener a los que ellos consideraban su propiedad. También eran mucho más severos, estableciendo exigencias imposibles a sus esclavos para maximizar su retorno de la inversión en los nuevos esclavos. Por temor a sus siervos, los colonos usaron el aviso de Raynal como una justificación adicional a su crueldad y salvajismo que hasta entonces había evitado la coordinación eficaz entre los esclavos.

Los abusos e inhumanidad de los señores en la isla se dice que era la peor de todo el Caribe. Las pocas regulaciones establecidas por la corona rara vez se seguían o ejecutaban. Incluso el gobierno local empezó a revocar o reemplazar muchas de las normas relativas al trato de esclavos en las décadas previas al alzamiento.

Debido al trato cruel de los sometidos junto con la desproporción frente a las personas libres en la isla, el miedo a la rebelión estaba justificado. Sin embargo, los esclavistas tuvieron muchas opciones disponibles para reducir su resentimiento y su deseo de actuar. En algunas pocas ocasiones los esclavos huían y vivían en los bosques, saqueando las numerosas plantaciones de Saint-Domingue. Estos individuos estaban poco organizados, exponiéndose a las represalias.

Sin embargo, no fue únicamente el trato de los esclavos en la isla lo que forjó el profundo resentimiento. Toda la colonia estaba plagada de odio y desconfianza inquietante. La colonia estaba dividida en tres territorios. La parte norte de Saint-Domingue era donde vivía la élite y la tierra era más fértil, de manera que las plantaciones de azúcar más lucrativas y extensas se encontraban allí. Los puertos con más tráfico se ubicaban allí, incluida la primera capital, Le Cap Français. Los señores en esta zona tendían a segregar a sus esclavos del resto de la colonia usando estratégicamente las montañas de la isla. Los colonos de aquí eran los más vocales respecto a ser independientes de Francia.

La porción oeste del territorio tenía menos riqueza y reputación que el norte, pero en 1751 se desplazó la capital de Le Cap Français a Puerto Príncipe. Durante casi todo el resto del siglo, la provincia oeste continuó creciendo y prosperando hasta el punto de que podía haber competido con el norte si la rebelión no hubiese cambiado por completo la dinámica de la isla.

Los colonos más pobres vivían en el sur. La región estaba menos poblada, siendo menos atractiva para los esclavistas. Como resultado, los libertos tendían a instalarse ahí y comerciar con Jamaica, obteniendo cierto grado de riqueza y reputación que no podían alcanzar en las otras dos provincias. Debido a su relación con los colonos de Jamaica, una colonia británica, la provincia sureña simpatizaba más con los británicos que con los partidarios de Francia, independentistas y colonos aliados con España.

Los intereses diferentes jugaron un papel crítico en la rebelión, ya que las provincias no pudieron ponerse de acuerdo, aliándose con otros países en vez de trabajar juntas. Dada la desfavorable proporción de la población para los esclavistas, probablemente veían esto como su única opción para asegurar que no eran superados por los esclavos. Lo que parecía lógico, sin embargo, acabó siendo una razón importante por la que no se pudo sofocar la rebelión de esclavos. Mientras que las naciones europeas se enfrentaban entre ellas, los esclavistas acabaron luchando en varios frentes en vez de centrarse en la rebelión. También supuso que se subestimara en gran medida la posibilidad del alzamiento y que las tropas invasoras sobrevaloraron su capacidad de devolver a la colonia su prosperidad original.

La presión se acumula

El primer acto de verdadera resistencia a los esclavistas fue iniciado por François Mackandal, un sacerdote vudú. Aprovechando creencias, tradiciones y herencias comunes africanas, Mackandal fue capaz de unificar a esclavos fugitivos (cimarrones) y trabajar en un objetivo común. Entre 1751 y 1757, Mackandal operaba una organización secreta de antiguos esclavos y libertos para pasar información sobre la primera rebelión. Fue capturado y en 1758 los franceses le ejecutaron quemándole en la hoguera para demostrar que era un hereje. Intentaron utilizarlo como disuasión frente a los esclavos y sus creencias.

A pesar de casi un siglo de abusos crueles y violenta represión, contuvieron la agitación en gran medida. Mackandal proporcionó a los oprimidos una idea de cómo trabajar juntos y los esclavos fugados continuaron resistiéndose y saqueando a sus antiguos dueños, aunque los ataques seguían siendo aislados y, en su mayoría, descoordinados.

El odio, las conspiraciones y las rebeliones fugaces ocasionales se controlaban normalmente en zonas pequeñas. Los esclavistas eran capaces de evitar que se unieran, ya que no había un líder o visión única que les dirigiese. Muchos se resignaban a una corta existencia miserable, ya que aquellos que se rebelaban rápidamente eran ejecutados. A pesar de esta aceptación, la aversión por sus señores nunca se atenuó. Los esclavos se escapaban y encontraban refugio en pequeñas concentraciones, apenas sobreviviendo con pequeños ataques a las plantaciones. Aunque algunas tuvieron éxito a pequeña escala, la victoria nunca fue lo suficientemente importante como para persuadir al número suficiente de esclavos para alzarse contra los colonos.

Se puede atribuir esto al constante seguimiento de los esclavos por parte de sus dueños y su obsesión por separarles de todo aquello que les diese algo de esperanza. Otra práctica habitual era espiar todas sus comunicaciones para asegurarse de que no compartían ideas. Sin saber cómo les iba a otros esclavos, parecía que los franceses habían inmunizado a la colonia de la revolución y el pensamiento radical.

Tras la Revolución americana, se doblaron los esfuerzos para minimizar la comunicación y las noticias que llegaban a oídos de los sometidos. Cuando la revolución estalló en Francia, los colonos estaban encantados porque lo veían como una oportunidad para aumentar su influencia y fortuna. Aunque estaban de acuerdo con los principios de la Declaración de Derechos del Hombre y del Ciudadano respecto a su propia situación, también entendieron las posibles ramificaciones si esos principios se extendían a los esclavos. A pesar de que intentaron ocultar la mayoría de las noticias sobre la Revolución francesa, los sometidos empezaron a oír más sobre los ideales de la revolución. Como los revolucionarios defendían la idea de que todos los hombres eran iguales, se convirtió en un claro conflicto ideológico en la colonia francesa más próspera. Si los campesinos y los oprimidos en Francia eran iguales a la monarquía y los ricos del país, ¿cómo era posible que eso no incluyese a los esclavos?

Al principio, los esclavos simpatizaban con los leales y los británicos porque pensaban que la independencia de Francia supondría el control total de los colonos adinerados. No podían ignorar la idea de que entonces no habría nada que regulase la brutalidad de los colonos.

A los libertos y sus descendientes también les preocupaba la ideología de la Revolución francesa. Habían estado presionando por su igualdad casi una década y ahora era obvio que el nuevo gobierno francés no podía desentenderse de la extensión de esa igualdad a aquellos con un color de piel diferente, ya que también eran humanos.

Aunque finalmente no tuvo éxito, el principio del fin de la esclavitud y del dominio colonial francés en Saint-Domingue empezó con la rebelión Ogé. Vincent Ogé fue un liberto pudiente que creía en las ideas de la Revolución francesa. Ogé trabajó con Julien Raimond en un intento de conseguir igualdad de derechos para los libertos y no solo para las personas de descendencia europea. Al interpretar que las leyes del gobierno francés se aplicaban a todas las personas libres, Ogé cambió París por Saint-Domingue. A su llegada exigió que el gobierno colonial le permitiese votar, pero a la hora de reconocer la humanidad de los libertos se dieron cuenta de la paradoja de decir que los esclavos, en cambio, no lo eran. Como resultado, negaron a Ogé lo que él creía era un derecho concedido por la Asamblea Constituyente francesa y, supuestamente, respaldado por el gobierno colonial.

Al haberle sido negado un derecho humano esencial, el origen de la revolución le inspiró a actuar. A finales de octubre de 1790, Ogé comenzó una rebelión que fue acogida una vez transcurrido un año. Fue capaz de atraer a unos 300 esclavos fugitivos, libertos y mulatos (aquellos con ascendencia tanto africana como europea). Intentaron tomar la ciudad de Grande-Riviere, pero los colonos les superaban en número y casi todos los que se unieron a la revuelta fueron asesinados tras la derrota.

Ogé fue capaz de escapar al territorio español al otro lado de la isla, pero la influencia en potencia de un líder tan carismático suponía una amenaza. Con unos cientos de personas bajo su estandarte, consiguió llevar a cabo una insurrección que suponía un serio peligro a la población esclava de la colonia española. Esto, unido al temor de enfurecer a los franceses por darle asilo, provocó que los españoles le devolviesen a Saint-Domingue.

La rebelión de Ogé buscaba alcanzar la igualdad de los libertos. Aunque Ogé no perseguía la libertad de los esclavos, se convirtió en un símbolo para estos, ya que, aunque fuesen liberados, sabían que los propietarios de las plantaciones nunca les tratarían como iguales. Puede que la rebelión Ogé supusiera una intensificación en la disputa entre las tres provincias, pero para los oprimidos representaba mucho más. Las tensiones entre los dueños de las plantaciones y las otras personas libres despertó de repente a un gigante que llevaba mucho tiempo dormido. Ahora que los esclavos conocían y entendían las ideas de la Revolución francesa y eran conscientes de la hipocresía y vulnerabilidad de los propietarios, tenían todo lo que necesitaban para librarse finalmente de sus opresores.

Capítulo 3: Planeando una de las revoluciones más trascendentales de la historia

Las limitadas fuerzas de Ogé proporcionaron una visión de cómo superar las limitaciones de la élite en la colonia. La red creada por Mackandal enseñó a los esclavos cómo coordinarse y organizarse sin que sus amos se percatasen.

Al año de la rebelión Ogé los esclavos empezaron a organizarse y, para agosto de 1791, estaban listos para pasar a la acción.

La rebelión de esclavos que iba a hacer temblar los cimientos del mundo occidental comenzó en la provincia norte. Esta región era la que tenía más que perder, mientras que los esclavos tenían mucho que ganar alzándose contra la gente que esperaba usar la Revolución francesa en su propio beneficio. Los poderosos y adinerados dueños de las plantaciones estaban tan concentrados en girar las tornas a su favor que fueron incapaces de reconocer las hordas de gente que habían oprimido durante más de un siglo. La intención de separar a sus siervos de los demás para que no pudiesen animarse y coordinarse entre sí para rebelarse, en realidad les proporcionó la distancia necesaria de la mirada de sus señores para poder organizar su propia libertad.

La Revolución haitiana comenzó con una ceremonia vudú secreta llamada *Bois Caiman*. Celebrada en Morne-Rouge en agosto de 1791, los esclavos se reunieron para determinar la mejor forma de proceder. En ese momento estaban aún más enfurecidos, ya que había llegado a sus oídos los rumores de que los colonos iban a luchar en contra de la igualdad de los libertos y mulatos. Tras meses de planificación, ahora estaban listos para elegir el momento adecuado para llevar a cabo su plan.

Imitaron las acciones de Mackandal y Ogé, reclutando a más de 200 esclavos como líderes y coordinadores de los esfuerzos para comenzar la rebelión. Estos cabecillas, todos de la provincia norte, ocupaban puestos de cierta importancia en sus plantaciones con acceso y autoridad para persuadir a los demás esclavos de que se unieran a la revolución. Sus posiciones variaban según las necesidades de sus dueños, desde trabajar en el campo, hasta servir en la casa o, en algunos casos, eran libertos asalariados. Esto creaba una red como la que Mackandal había intentado mantener durante los seis años de su resistencia. A través de esta red fueron capaces de planificar la ceremonia Bois Caiman y los pasos para derrocar a los señores de las plantaciones.

Esta revolución clandestina unió a los diferentes oprimidos con la misma idea de Mackandal: utilizar las tradiciones y religiones africanas, incluso en la ceremonia inicial, donde se recalcó su herencia común. En una zona espesamente arbolada, los esclavos participaron en un solemne ritual vudú realizado por Dutty Boukman, un sacerdote vudú jamaicano, y una importante sacerdotisa desconocida.

Puede que sea solo fruto de la idealización de los hechos ocurridos, pero cuenta la leyenda que esa noche un huracán o tormenta tropical selló la determinación de los participantes. Los vientos de la tormenta no eran más que un presagio del éxito de su empresa, pero clima aparte, la atmósfera emocional estaba tan cargada que esa noche forjó un mito, por méritos propios. Aunque hay detalles en los que las historias no se ponen de acuerdo (algunas dicen que sucedió el 14 de agosto y otras que el 21 o 22), en lo que sí coinciden es que la prohibición del vudú por parte de los franceses ayudó a que se propagase en secreto entre los esclavos. Fue un factor cohesivo que recordó a los sometidos no solo por lo que estaban luchando, sino también quién era el enemigo.

Los resultados de la ceremonia fueron un plan y la señal que necesitaban para actuar contra sus opresores.

La ironía de la historia

Cosas de la ironía de la historia, la élite de colonos franceses tuvo la oportunidad de apagar la rebelión, pero no la aprovecharon. Pocos días después de la ceremonia Bois Caiman, un reducido grupo de esclavos actuó antes de tiempo, ya fuese por falta de comprensión de las instrucciones proporcionadas en la ceremonia o por impaciencia, y fueron capturados al intentar quemar una finca. Aunque se desconocen las razones por las que actuaron antes de tiempo, sí está claro que, durante el interrogatorio, algunos prisioneros revelaron el plan, así como los dirigentes de la organización.

La ironía viene cuando los dueños de las plantaciones que poseían a dichos cabecillas no quisieron, o pudieron, creer que sus esclavos estuviesen realmente involucrados. Ya fuese porque pensaban que sus siervos eran incapaces de cierto nivel de organización o porque creían que eran demasiado leales como para rebelarse, los señores de estos esclavos defendieron a los líderes que organizaron su propia caída. También fueron estos mismos ricos y poderosos miembros de la élite de la colonia francesa los que ignoraron la vaga profecía de Reynal y, ahora que tenían que enfrentarse a la realidad, decidieron confiar ciegamente en su percepción de superioridad y capacidad de controlar a sus siervos en vez de reconocer la amenaza que ellos mismos habían creado. No todos, pero los suficientes esclavistas ignoraron el peligro inminente del que se les había informado.

Aquellos que sí creyeron las declaraciones, fueron capaces de escapar con vida, y poco más.

A pesar de que habían descubierto el plan, los esclavos decidieron seguir acorde a la línea de acción ya establecida.

Capítulo 4: Comienza la revolución

A los 10 días de la ceremonia Bois Caiman, comenzó la Revolución haitiana. La provincia norte estalló con la violencia de Boukman y sus seguidores que avanzaban por la región, asesinando o capturando a todos los de ascendencia europea. Tras tomar una plantación, la quemaban.

Los esclavos portaban una amplia variedad de armas en sus marchas, desde antorchas que quemaban todo lo que pertenecía a sus opresores, a rifles o pistolas, hasta prácticamente cualquier cosa que podían usar como arma. En cada plantación, la masa de revolucionarios arrastraba con ellos a todos sus esclavos.

Al amanecer del día siguiente, la mayoría de los esclavos de la región que habían arrasado Boukman y sus seguidores, se les habían unido. Con entre 1.000 y 2.000 rebeldes, la masa era demasiado grande como para ser eficiente, así que se dividieron en grupos más pequeños para atacar cada uno plantaciones específicas y propagar la revolución.

La asombrosa organización y planificación ejecutada por los esclavos incultos demostró lo mucho que les habían infravalorado. Su número seguía creciendo hasta tal punto que se temía que cayera la ciudad principal del norte. A la ciudad de Le Cap se la consideraba como el corazón cultural de la colonia y fue a donde huyeron la mayoría de los esclavistas cuando se inició el alzamiento. Para mayor preocupación de los colonos, todo esclavo capturado advertía del funesto futuro de la ciudad en sí. Mientras les torturaban se mofaban del futuro de sus torturadores sabiendo que había rebeldes en todos los lugares de la provincia, incluida la preciada ciudad de Le Cap. Ambos bandos sabían la importancia que jugaba controlar la ciudad para decidir el resultado de la revolución.

Aquellos con poder en la ciudad organizaron un sistema de vigilancia para controlar cualquier indicación de fuego, ya que estaba asociado con la rebelión. Tenían la esperanza de prevenir la destrucción de la ciudad por los rebeldes que vivían en ella vigilando el horizonte.

Lejos de la ciudad, la rebelión de los esclavos seguía propagándose, asesinando a todos los descendientes de europeos que no habían huido y quemando todo lo que podría ayudar al regreso de la opresión de la colonia francesa. Sin embargo, la revuelta empezó a cambiar. Aquellos esclavos y libertos que no estaban dispuestos a participar en la revolución fueron eliminados. La rebelión no iba a tolerar cualquier posible traición por lealtad a los colonos.

En menos de 48 horas ya habían destruido la mayoría de las plantaciones más lucrativas del norte, pero los cabecillas habían planificado más allá de los territorios del norte. Para vencer, tenían que seguir avanzando antes de que los colonos franceses tuviesen tiempo de responder. Las primeras 48 horas habían sido un éxito, por lo que decidieron tomarse un día para descansar antes de la siguiente fase del plan.

La mañana del 24 de agosto comenzó su avance con el objetivo de llegar a Port-Margot al final del día. Si su progreso seguía a ese ritmo llegarían a Le Cap en menos de una semana tras el inicio de la revolución. Sabiendo que la rebelión acabaría dirigiéndose a la ciudad, los habitantes se prepararon con cañones y puestos de guardia en cada entrada a la ciudad. Por primera vez desde el inicio del alzamiento se enfrentaban a un verdadero obstáculo. No estaban equipados de forma adecuada para luchar contra una resistencia tan bien armada. Aunque se habían dado poco tiempo para descansar y habían silenciado a todos aquellos que pensaban que podían ayudar a la ciudad, a los colonos franceses les sobraban los motivos para movilizarse rápidamente.

Al fracasar el primer intento de tomar Le Cap, se replegaron para planear una nueva estrategia de ataque. Aunque los colonos repelieron inicialmente a los esclavos, la resistencia pecó de falta de previsión frente a los números y estrategia de sus antiguos siervos. El mismo día que tuvieron que replegarse, se reagruparon y posteriormente se dividieron en dos para atacar la ciudad desde dos puntos diferentes y comenzar el asedio. Aunque no contaban con las armas necesarias para tomar Le Cap, fueron capaces de cortar sus suministros, incluida la comida.

Durante las tres semanas siguientes los habitantes de la ciudad intentaron eliminar a los antiguos esclavos, pero siempre que los colonos franceses empezaban a obtener una ventaja en la lucha, los rebeldes se retiraban a los bosques. Aunque los ciudadanos también tenían un lugar de refugio, los rebeldes contaban con todo el tiempo del mundo para desgastarles, ya que nada atravesaba el asedio.

Pronto se unieron los esclavos al noroeste de la ciudad. Su triunfo fue rápido y, al poco, se cortaron todas las comunicaciones entre Le Cap y la llanura norte.

Para finales de agosto de 1791, más de 15.000 esclavos se habían unido a la rebelión. Le Cap pidió ayuda militar a las islas circundantes y a los Estados Unidos. Los esclavos borraron del mapa las plantaciones de la provincia norte, más de 180 en una semana y un día. A comienzos de septiembre de 1791 ya no existían plantaciones en un radio de 80 kilómetros a Le Cap.

Capítulo 5: Se extiende la revolución

Era imposible que los dueños de esclavos del resto de Saint-Domingue ocultasen a sus siervos lo que estaba pasando. La rebelión se extendió, pero no necesariamente de la misma manera sangrienta en la que comenzó. Los esclavos de las zonas colindantes simplemente abandonaron sus plantaciones, dejando a los dueños sin medios para trabajarlas; otros solo atacaban los cultivos destruyendo el sustento de sus señores y otros sencillamente se negaron a realizar sus tareas, ya que debido a la superioridad numérica de los esclavos, los dueños tenían pocos recursos para obligarles a trabajar.

La aniquilación de casi 100 plantaciones en la muy lucrativa Plaine-des-Cayes destruyó la moral de los colonos, aunque muchos se dieron cuenta de lo afortunados que eran en comparación con los dueños de las plantaciones que fueron arrasadas los primeros días de la revolución.

Parecido a los militares británicos durante la Revolución americana en Norteamérica, los franceses no sabían cómo luchar contra las tácticas de guerrilla usadas por los esclavos. No solo los rebeldes se retiraban cuando la situación se tornaba en su contra, sino que también seguían otras tácticas desconocidas para los militares: envenenaban las flechas, aumentando considerablemente el número de fallecidos, aunque solo hubiesen recibido un rasguño; robaban y saqueaban sus suministros, cosa que no habían anticipado; tampoco tomaban prisioneros y las enfermedades que habían diezmado a los esclavos hace 100 años ahora provocaban el mismo número de bajas que la propia lucha.

Las exigencias de los antiguos esclavos y el momento decisivo

Para mediados de septiembre, los esclavos tenían el control de suficiente parte de la colonia como para exigir que se cumplieran sus peticiones. Ante la idea de tener que hacer concesiones a la gente que destruyó sus hogares y asesinaron a muchos de sus iguales, los antiguos señores no quisieron dar su brazo a torcer. Si aceptaban las exigencias de reconocer la libertad de los exesclavos, se vería como una recompensa por haber mutilado a la colonia y todo africano que seguía siendo leal en ese momento se pondría en su contra para obtener su propia libertad. No todos los colonos eran tan pragmáticos. Estos eran los que aún veían a sus antiguos siervos como inferiores y que creían que no se había traído a los salvajes a Saint-Domingue para mejorar sus vidas, sino para llevar a cabo el trabajo exigido por sus dueños.

En un intento de aplacar a algunos de los rebeldes, se reunió una asamblea colonial en Saint Marc a finales de septiembre. Esta asamblea decidió que era crítico admitir el decreto que garantizaba la ciudadanía a mulatos y libertos, y así se aprobó, a pesar de la objeción de los dueños de las plantaciones. Pero tres días después, la Asamblea Nacional Francesa revocó su propio tratado y, con ello, los escasos derechos que proporcionaban a libertos y mulatos. Su solución a la rebelión fue nombrar una comisión que determinase la forma de restaurar la paz en la colonia.

Hasta ese punto, los rebeldes todavía se consideraban parte de Francia y afirmaban luchar por su rey, porque creían el rumor de que había pasado un decreto liberando a todos los esclavos, pero el gobernador había decidido ignorarlo. Este sentimiento de luchar por seguir formando parte de Francia pronto mutó en una revolución por la independencia.

Hasta este momento los libertos y mulatos del sur se habían abstenido en su mayoría de participar en la rebelión, pero cuando la Asamblea Nacional revocó el decreto tuvieron claro qué bando les garantizaría sus derechos, lo que desembocó en el asedio temporal de Puerto Príncipe.

Al norte, los esclavos reaccionaron arrasando la capital de la provincia norte. Aproximadamente un mes tras el inicio de la Revolución haitiana, la preciada ciudad de Le Cap había desaparecido.

El baño de sangre y la destrucción que definió las primeras semanas de la revolución pronto fueron reemplazadas por tácticas y estrategias que los dueños de las plantaciones nunca podían haber anticipado. Los antiguos esclavos encontraron el modo de, a duras penas, comerciar con los españoles para obtener suministros, además de saquear a los militares franceses y desvalijar lo que quedase de las plantaciones.

Para finales de septiembre, la Asamblea Nacional Francesa intentó restaurar algo parecido al orden, garantizando la amnistía, a aquellos que habían participado en la revolución. Sin embargo, los rebeldes ya no confiaban en las palabras ni decisiones de la Asamblea, ni de su capacidad para ejecutar lo decretado. Siguieron luchando con la determinación de matar o expulsar a todos los descendientes de franceses de la colonia.

En octubre del mismo año arrasaron con la capital, Puerto Príncipe. Por estas fechas, un antiguo esclavo doméstico, Toussaint Louverture, empezó a ganar protagonismo. Louverture había aprendido por sus propios medios a leer y empezaba a educarse en las ideas de la Ilustración. En esta época todavía estaba aprendiendo a reconciliar estas enseñanzas con el aspecto más cruento de la guerra y, con el tiempo, intentaría poner fin al conflicto de forma más pacífica, pero sin sacrificar aquello por lo que los revolucionarios habían luchado y perdido sus vidas.

Para noviembre de 1791, casi la mitad de los esclavos de la colonia francesa se habían unido a la revolución. Sus líderes demostraron que habían pensado en el futuro: fundaron un gobierno para las 80.000 personas que ahora les seguían y construyeron casas nuevas para protegerse de los elementos. Organizaron también dos amplias enfermerías para los heridos en combate o aquellos enfermos por la insalubridad de la isla.

Los comisionados elegidos en septiembre por la Asamblea finalmente llegaron a Saint-Domingue en esta atmósfera de autosuficiencia.

Al poco de su llegada, Boukman fue capturado. Con la misma brutalidad que los esclavistas habían mostrado cuando estaban en control de las plantaciones, decapitaron a Boukman y exhibieron su cabeza en lo que quedaba de Le Cap. Para explicar a los rebeldes lo que habían perdido, los colonos colocaron una inscripción identificando a la cabeza como Boukman, aunque, teniendo en cuenta que la mayoría de los esclavos eran analfabetos, esta medida trataba más de enseñar la superioridad de los franceses que de informar a los revolucionarios. Aún así, los rebeldes estaban desconsolados. Se retiraron del campo de batalla y se refugiaron en las montañas a llorar su pérdida.

Las consecuencias de este acto atroz de los esclavistas fueron las contrarias de lo que esperaban. En vez de desalentarles, los rebeldes volvieron con un nuevo objetivo: erradicar a todos los colonos franceses de la isla. Aunque al principio se encontraban sin rumbo debido a la pérdida de su dirigente más importante, había muchos cabecillas que trabajaron para encontrar una forma de seguir adelante. La furia y aflicción por la muerte de Boukman se materializó en una ceremonia conmemorativa de tres días.

El periodo de luto catártico finalizó con la decisión de los líderes restantes de intentar negociar con los esclavistas. Su plan tenía muy poca visión de futuro, ya que intentaban conseguir mejores condiciones en las plantaciones, entre otras concesiones. Las tropas de la revolución se negaron a dejar de luchar, sublevándose contra sus propios dirigentes. Los antiguos esclavos que habían trabajado en puestos inferiores estaban demasiado acostumbrados al peligro que suponía creer aquello que prometiesen sus antiguos señores. Sabían que toda negociación realizada sería ignorada si dejaban de luchar.

A pesar de las amenazas de las tropas, los líderes siguieron negociando con la Asamblea Colonial. Los frutos de sus esfuerzos fueron un completo rechazo de todas sus peticiones. Igual que los antiguos dueños de las plantaciones rechazaron sus exigencias la primera vez, ahora no tenían ningún incentivo adicional por el que aceptar sus demandas. A pesar de todo lo que habían conseguido los rebeldes, los colonos franceses tenían la esperanza de que en algún momento serían capaces de devolver a la isla su anterior gloria.

Cuando los líderes volvieron con estas noticias, las tropas estaban listas para volver a luchar por su causa. Los resultados del segundo intento de alcanzar la paz reforzaron las perspectivas de los futuros cabecillas de la rebelión.

La rápida sucesión de eventos en 1791 marcó el tono que definió los primeros días de la Revolución haitiana. Los rebeldes aprendieron a usar su superioridad numérica, a aprovechar las debilidades de su enemigo en su contra, a dominar la estrategia y fueron casi tan crueles con sus antiguos señores como estos lo fueron con ellos. Durante los siguientes 12 años se vilipendió la revolución y se acusó a sus líderes de hacer un pacto con el diablo para alcanzar sus objetivos. Este pensamiento era similar al absoluto menosprecio que los dueños de las plantaciones mostraban respecto a sus siervos justo antes de la rebelión. Casi todos los países europeos cayeron en la perpetua infravaloración de las habilidades y convicción de los antiguos esclavos durante esos 12 años. Al final del primer año, ya controlaban prácticamente un tercio de la colonia.

El regreso de las hostilidades

Durante las primeras semanas de 1792, los colonos franceses reavivaron la violencia que había cesado temporalmente. El gobernador Blanchelande vio que los líderes de la revolución buscaban una salida mejor al conflicto y lo tomó como una señal para atacar pronto, al comienzo del siguiente año. El intento calculado de entrar en acción mientras los rebeldes se recuperaban de sus bajas e intentaban reagruparse funcionó casi tan bien como esperaba el gobernador.

El enorme campamento no contaba con suministros adecuados y resultaba imposible proteger a todos los antiguos esclavos en ese lugar. Por ello, decidieron dejar atrás a los más indefensos, las mujeres y los niños, pensando que los colonos se apiadarían de aquellos que no estaban directamente involucrados en la lucha. Tras la marcha de los rebeldes a las montañas, los franceses pronto demostraron que eran tan salvajes como declaraban que eran los antiguos esclavos. A pesar de que no quedaba ningún guerrero, los colonos asesinaron a muchos de los habitantes del campamento de las formas más crueles y despiadadas que podían imaginar. Decapitaron a los niños, los mayores no fueron tratados mucho mejor y aquellas mujeres que lucharon para defender a sus hijos fueron víctimas de una carnicería. No fue un combate, fue una masacre inhumana.

Durante el curso de la lucha, los franceses capturaron a casi 3.000 antiguos esclavos y los devolvieron a sus anteriores dueños. Esto no fue un acto de misericordia, ya que la gran mayoría fue salvajemente aniquilada por sus señores como ejemplo para aquellos esclavos que seguían bajo su dominio, si osaban alzarse contra los colonos.

Aunque los franceses lo celebraron como una victoria, realmente ganaron muy poco y demostraron a los rebeldes que no había ninguna razón por la que apiadarse de ellos o pensar que se podía resolver el conflicto de forma pacífica. Casi todos los que lideraban a los antiguos esclavos estaban escondidos en las montañas y en otras zonas recuperando las fuerzas. Alrededor de dos semanas después de la masacre de los civiles, los rebeldes comenzaron a atacar, concentrándose en la anteriormente próspera zona noroeste de la isla. Su objetivo, de nuevo, era la ciudad principal, Le Cap, ya que poseía la munición y suministros que necesitaban para reforzar sus filas y reponer todo lo consumido en los últimos seis meses.

Capítulo 6: Cúmulo de eventos en Europa

En abril de 1792, el rey de Francia Luis XVI intentó ayudar a resolver el problema ratificando el Decreto Jacobino que declaraba la igualdad de todos los anteriores libertos. De esta forma ofrecía algo que la provincia sur quería y lo que la rebelión de Ogé intentó conseguir, aunque sabía que garantizar la libertad a aquellos que ya lo eran no sería suficiente. Para asegurar que la colonia acataba su decreto formó una segunda comisión. Dirigida por Léger-Félicité Sonthonax, la comisión partió para ejecutar la resolución del rey en la colonia francesa.

Como un mes después de que la segunda comisión zarpase rumbo a la colonia, la presión entre España, Inglaterra y Francia finalmente explotó. España declaró la guerra, primero a Inglaterra, y después a Francia. Como la pequeña isla de La Española incluía la colonia francesa de Saint-Domingue, aparecieron nuevos focos de lucha donde los países europeos intentaban determinar quién se quedaría con la colonia que había enriquecido tanto a Francia. Esto provocó un constante cambio de alianzas con los tres países intentando aprovecharse de la rebelión de los esclavos, pero ninguno fue capaz de darse cuenta de que los rebeldes no iban a dejar que las cosas volviesen a ser lo que fueron, ni por asomo. No se encontraban bajo el control de nadie, de manera que si un país se aliaba con ellos tenía que respetar sus reivindicaciones.

A pesar de la declaración de Luis XVI de que el decreto jacobino afectaba a todos los libertos, el sur de la isla decidió aliarse con los ingleses y unirse públicamente a la rebelión.

Al norte, Le Cap fue atacada continuamente hasta que sus habitantes finalmente huyeron en busca de un lugar más seguro. Tan pronto como perdió su gobierno, se sumió en la brutalidad y la crueldad: aquellos que vivían dentro de la ciudad fueron masacrados por los dos bandos, ya fuese por saquear sus posesiones o vengarse de la crueldad de los antiguos señores. Los más de 10.000 esclavos de dentro de la ciudad se sumaron a la revuelta, lo que supuso un duro golpe para los colonos que se creían a salvo.

Al darse cuenta de la increíble superioridad numérica de los esclavos en Le Cap, especialmente ahora que los rebeldes contaban con el apoyo de otros enemigos de Francia, la comisión civil en la provincia norte proclamó que todos los esclavos que decidiesen unirse a la lucha por la defensa de los colonos se convertirían en ciudadanos franceses. Tendrían los mismos derechos que un colono si luchaban contra todo aquel que no fuese un colono francés, incluidos aquellos que apoyaban la rebelión. Los esclavos estaban divididos: algunos líderes de la rebelión rechazaron esta oferta, mientras que otros aportaron sus tropas para volver a tomar Le Cap. Los españoles también se sumaron a la lucha, transformando a la ciudad en una pesadilla, al ser imposible distinguir a los amigos de los enemigos.

El dramático final de 1792 y el comienzo de 1793

Para septiembre de 1792 algunos de los cabecillas de la rebelión estaban preparados para negociar de nuevo con la recién llegada comisión civil. Aunque se negaron a cumplir sus peticiones, estaban dispuestos a perdonar a aquellos esclavos que abandonasen la revuelta. A los colonos franceses les enfureció esta oferta y, mientras continuaron con la lucha, forzaron a la comisión civil a responder con violencia en vez de haciendo concesiones.

Mientras, en Francia, la república abolió la monarquía y esto precipitó el nombramiento de un nuevo gobernador general de Saint-Domingue, el conde de Rochambeau. Su mandato sería corto y volvería a Francia ese mismo año.

El descontento e ira de la nueva República Francesa siguió en ebullición durante el siguiente año y el reino del terror comenzó a cobrarse las vidas de todo el mundo, incluido el rey Luis XVI a finales de enero de 1792.

Lo que sucediese en Europa influía poco a los esclavos y en la forma en la que afrontaban su situación. Los colonos habían ignorado en gran medida las leyes y regulaciones sobre la esclavitud desde que fundaron Saint-Domingue, y muchos señores tomaron a la República como una excusa para empezar a ser abiertamente hostiles contra todo lo que coartaba su capacidad para enriquecerse. La Revolución francesa no era más que una forma de amasar aún más poder. Los enemigos de la Revolución haitiana fueron los europeos y colonos que se negaron a reconocer la humanidad y libertad de las personas a las que habían esclavizado.

Quién gobernase al otro lado del Atlántico importaba poco en la vida de los esclavos, simplemente justificaba su estrategia de ahí en adelante. Si los franceses podían asesinar a sangre fría a una familia entera que se suponía debía gobernarles, era poco probable que razonasen con personas que defendían que eran de su propiedad. Si acaso, el reino del terror justificaba la necesidad de seguir luchando por la libertad de una manera que ni la Revolución americana ni la francesa habían conseguido. Por mucho que los colonos y campesinos franceses demonizasen a sus supuestos opresores, sus vidas no eran ni por asomo tan horribles como la de los esclavos que se alzaron en Saint-Domingue. Los colonos europeos veían la violenta ira como única forma de oponerse eficazmente contra aquellos que perseguían la desigualdad basada en factores que escapan al control individual, como la clase social, pero los antiguos esclavos tenían incluso menos control, ya que les habían forzado a la esclavitud. Si era justo alzarse por una desigualdad menos obvia, ¿no estaba más justificada la rebelión de los esclavos?

Otra alianza y la primera jugada de Louverture

Menos de dos meses tras la ejecución de Luis XVI, los franceses declararon la guerra a Inglaterra y Holanda. Estos países no iban a permitir que las acciones de los franceses contra su monarca quedasen impunes, así que, teniendo en cuenta que los españoles también le habían declarado la guerra, Francia estaba luchando prácticamente a lo largo de todas sus fronteras. Con todo esto, no tenían mucho tiempo para ayudar a sus colonos. Pero era incluso más preocupante el cariz que tomó el reino del terror, donde miles de personas fueron ejecutadas por nimiedades y, a veces, por nada en absoluto. Al final, una acusación era suficiente para condenar a una persona.

Mientras que el país en sí estaba en crisis, los rebeldes tenían las mismas posibilidades de conseguir suministros que los colonos, aunque si se aliaban con uno de los países enemigos de Francia podrían abastecerse. El nuevo gobierno francés era tan caótico y violento que no se preocupaba mucho de los colonos, y mucho menos de sus suministros. Esta era la oportunidad perfecta para los antiguos esclavos y libertos de forjar alianzas más ventajosas porque las monarquías europeas estaban más que contentas de ver a Francia perder lo que una vez fue su preciada colonia, especialmente Inglaterra y España. No cabe lugar a dudas de que prestaron su apoyo con la idea de esclavizar de nuevo a los rebeldes tras la lucha. Sin embargo, deberían haber aprendido durante sus respectivas alianzas que los antiguos esclavos eran más que un simple grupo de saqueadores; estaban muy organizados y tenían una clara estrategia para asegurar su propia libertad.

Los libertos de la provincia sureña contaban con los británicos debido a la proximidad con Jamaica, una colonia inglesa. Tras la muerte de Luis XVI, algunos de los líderes rebeldes empezaron a aliarse con los españoles en su lucha contra Francia. Posiblemente el cabecilla más destacado que se les unió fue Toussaint Louverture. Combatir en la capital, Puerto Príncipe, al comienzo del alzamiento, le había permitido a Louverture vislumbrar lo que era el liderazgo. Como autodidacta, su lugar no era solo convertirse en un cabecilla, sino que se convertiría en uno de los hombres más venerados de la revolución.

En otro giro irónico, Louverture ofreció su apoyo al comandante general de los colonos franceses, el General Laveaux, pero fue rechazado. En vez de ayudar a las fuerzas republicanas, lo que le habría proporcionado a Laveaux más de 5.000 hombres, Louverture prosiguió ayudando a sus enemigos, los españoles, durante lo que quedaba de 1793.

Como resultado, Le Cap fue sitiada de nuevo, y una vez más fue incendiada y abandonada por sus habitantes. La mayoría de los colonos franceses que huyeron fueron a EEUU, ya que los percibían como más afines a su causa y más abiertos a la igualdad por la que la Revolución francesa supuestamente luchaba, pero sin tener que renunciar a sus esclavos. La Revolución americana era una lucha por igualdad de derechos para un tipo específico de persona, no para todos. Los colonos franceses podían aceptar este concepto, por lo que decidieron hacer de los recién creados Estados Unidos de América su nuevo hogar, en vez de seguir luchando por un país que estaba sumido aparentemente en su propia destrucción.

El temor de los colonos que huían de que los esclavos no serían castigados por su alzamiento pronto se hizo realidad. A principios del verano, los franceses que luchaban en la isla se dieron cuenta del valor de tener a los antiguos esclavos de su parte. Aunque habían desperdiciado la oportunidad de contar con el apoyo de Louverture, esperaban convencer a otros. Emitieron una nueva proclamación en la que todo rebelde que se les uniera tendría garantizada su libertad, y pronto la extendieron también a sus hijos y esposas.

Capítulo 7: La abolición de la esclavitud y la respuesta británica

Para el final del verano, Polverel, el comisionado civil, declaró que todo aquel que se le uniese, incluidos los esclavos de las plantaciones del oeste y rebeldes, sería libre. Por muy radical que fuese esta proclamación, el líder de la segunda comisión, Sonthonax, creía que no era suficiente como para convencer a más personas a asociarse con los franceses. En agosto de 1793 emitió el decreto de emancipación general, donde abolía toda esclavitud en la provincia norte y, a diferencia de los anteriores intentos, algunos de los antiguos señores lo aprobaron. Uno de los dueños de plantaciones más acaudalado de la provincia norte afirmó que la única opción para que los colonos franceses no fueran aniquilados era aceptar finalmente la liberación de los antiguos y actuales esclavos. Para poder sacar adelante este decreto, Sonthonax permitió que se castigara al mínimo a los antiguos esclavos, llamados ahora trabajadores. Como hombres libres, aquellos que les contrataban tenían que pagarles también un sueldo.

Por desgracia, ningún gobierno respaldó este decreto, por lo que no tuvo tanto efecto como Sonthonax esperaba. Aquellos a los que todavía se les consideraba esclavos se fueron a la huelga para demostrar su descontento con la incapacidad de los colonos de ejecutar su propio decreto: aparecían tarde al trabajo, completaban muy poco y se volvían pronto a casa, mientras que aquellos que habían dejado las armas por esta promesa tuvieron que mendigar y vagabundear. Para las mujeres era especialmente duro, mientras que recibían el mismo trato que los hombres, incluyendo los castigos, percibían solo una fracción (aproximadamente dos tercios), de lo que ganaban sus homólogos masculinos.

Con la supuesta libertad de los esclavos, los británicos recibieron apoyo de algunos de los colonos franceses y pronto se percataron de la oportunidad de quedarse la colonia para Inglaterra. En una jugada calculada del primer ministro William Pitt "el Joven", declararon la soberanía de Inglaterra e invadieron la isla. Esto era una oportunidad, no solo de tomar la isla, sino de detener la revuelta antes de que los esclavos de las otras islas del Caribe empezasen a creer que podían obtener también su libertad. Además, controlar la porción francesa de la isla podría forzar el fin de la guerra con Francia. En septiembre de 1793 separaron con éxito las porciones norte y sur de la colonia. Aunque lucharon al lado de los antiguos esclavos, no tenían ninguna intención de abolir la esclavitud, ya que ya habían planeado reestablecerla una vez tuviesen el territorio bajo su control.

Con sus opciones menguando constantemente, muchos de los colonos franceses que seguían siendo leales a Francia finalmente emanciparon a sus esclavos con la esperanza de que les ayudasen a deshacerse de la amenaza de los británicos. Durante ese mismo mes, el nuevo gobierno en Francia bajo Maximilien Robespierre abolió la esclavitud en todas las colonias francesas. La nueva ley pretendía corregir todos los problemas que habían llevado a la Revolución francesa y, en el fondo, a la Revolución haitiana. La gente tenía que ser educada y tratada como iguales para que se dieran las mejoras que buscaban estos movimientos. Todavía fueron necesarios varios años para que se implementaran por completo los efectos de la emancipación, pero finalmente Francia daba un paso en la dirección correcta.

La ironía del papel de los Estados Unidos

Con luchas cruzadas entre tantas naciones europeas, es interesante apuntar que los Estados Unidos no jugaron prácticamente ningún papel en el futuro de la isla, a pesar de que la amenaza de una rebelión de esclavos era igual de peligrosa para este país que para las colonias del Caribe, o incluso más, ya que no contaban con el apoyo militar de las potencias europeas.

La razón por la que los Estados Unidos no se unieron a la lucha no fue el altruismo. En sus primeros pasos como nación tenía muchos problemas como para involucrarse en cuestiones que no le implicaran inmediata y directamente. Con tantas luchas internas por tomar el control del incipiente gobierno, no contaban con suficientes recursos para lidiar con el problema que se estaba tragando a tantas naciones más allá del océano.

Los países europeos tampoco querían que el joven país se involucrase. España estaba preocupada de que sus colonias se inspirasen y se alzasen contra la corona, de manera que intentó mantener al país alejado de las islas. Esta situación comenzó antes de la Revolución haitiana, remontándose hasta 1783, cuando los americanos presionaron hacia el oeste con el Mississippi como ruta de comercio clave y España anulaba sus posibilidades de establecerse río arriba. Como España controlaba la apertura del Mississippi, el rechazo de todos los planes e intentos de EE.UU. de usar el río para transportar mercancías frenaba seriamente la capacidad de crecimiento del país, por lo que muchos nuevos americanos consideraron cambiar su adhesión para poder enriquecerse.

Inglaterra, todavía resentida por la pérdida de su colonia, no hizo nada por ayudar a EE.UU. en sus negociaciones, a pesar de que todavía estaba en guerra con España y Francia.

Europa no quería que un país nuevo tan cerca de las colonias se involucrase por la ideología peligrosa que pudiese introducir. Según huían los colonos franceses a EE.UU., al igual que a otras islas, las noticias de la rebelión de esclavos se extendieron, incomodando enormemente al joven país. Si las acciones de los países europeos no eran suficientes para frenar la intervención de EE.UU., la posibilidad de que los esclavos se enterasen del éxito de los rebeldes aterrorizaba a los americanos. Los métodos utilizados por los esclavos para obtener su libertad, seguidos de las concesiones para intentar poner fin a la lucha, fueron suficiente para que no les mereciese la pena controlar la isla. Pensando que era mejor seguir trabajando en su propio país en vez de unirse a todos los que ya estaban luchando no muy lejos de sus fronteras, los Estados Unidos demostraron ser mucho más aislacionistas de lo que lo serían doscientos años más tarde.

Cambio en las regulaciones de la propiedad de tierras y gestión de trabajadores

Cuando comenzó 1794, la rebelión de los esclavos había provocado el intento por parte de los colonos restantes de tratar a los antiguos esclavos como personas. Ya existía un código laboral para regular el trato y paga de los jornaleros. Según el nuevo código, los trabajadores recibirían aproximadamente un tercio de todos los ingresos de la plantación en la que trabajasen y un día completo de descanso. A pesar de las buenas intenciones del código, la vida de los antiguos esclavos cambió muy poco y seguían muy descontentos con su situación.

Empezaron a reclamar porciones de terrenos para ellos mismos y empezaron a trabajar todo lo que podían. La rebelión continuaba, pero había todavía grandes secciones de la isla que no habían sido afectadas. Parecía obvio para muchos que las opciones proporcionadas por Polverel no eran, ni por asomo, suficientes para garantizarles el tipo de vida que buscaban.

Una de las razones del descontento generalizado era el sistema de propiedad de las tierras en la colonia. Todo el mundo codiciaba terrenos, ya que era equivalente a estatus social, tanto antes como después de la rebelión. Antes del estallido de la rebelión, los libertos y mulatos habían empezado a poseer cada vez más porcentaje de tierras. Esto preocupaba a algunos, ya que no solo les garantizaba más poder, sino que significaba que los colonos franceses tenían menos potencial de crecimiento social y financiero. Cuando comenzó la rebelión, los antiguos esclavos insistieron en conseguir sus propias tierras para trabajarlas. El hecho de que la solución al conflicto requiriese a los antiguos siervos seguir trabajando para los colonos sembraba la discordia. Una vez se les consideró como libres, no entendían por qué se les obligaba a seguir trabajando para alguien. No veían la lógica en que otra persona se beneficiase de su trabajo, y esta idea aún resulta radical, ya que muchos asalariados ofrecen su tiempo por un sueldo que no les es tan rentable como a sus patrones. Esto no era algo desconocido en muchos lugares de África, de manera que los antiguos esclavos, muchos de los cuales aún recordaban o habían sido criados con historias de cómo solía ser la vida allí, no entendían por qué les seguían tratando como esclavos, aunque se les considerase libres. No parecía libertad desde su punto de vista. La mayoría no perseguía la riqueza, sino simplemente una forma de ganarse la vida según sus filosofías.

Esto demostró ser un punto de fricción durante buena parte de la rebelión. Una vez no tuvieron que preocuparse más por los colonos, resultó obvio que algunos dirigentes buscaban un sistema similar. Muchos de los rebeldes no aceptarían nada menos que la libertad a su manera, y eso suponía su propio terreno en el que trabajar como gustaran.

Para la primavera de 1794, Francia conservaba un control marginal sobre Le Cap y Port-de-Paix. El resto del antiguo territorio estaba bajo control de británicos y españoles, que habían recibido un apoyo considerable de los rebeldes. Como resultado, el comisionado civil que había llegado apenas el año anterior regresó a Francia. Muchos de los libertos y mulatos empezaron a consolidar su poder en la zona sur de la isla. Por primera vez desde el comienzo del conflicto, hubo unos meses de una paz relativa. Aunque no duraría mucho, fue una rara oportunidad de ilusionarse con un futuro que inspirase a aquellos de ascendencia africana a soñar con la igualdad que muchos de ascendencia europea decían que defendían, pero obviamente no lo ampliaban a todo el mundo.

Capítulo 8: La llegada al poder de Toussaint Louverture

En mayo de 1794, los españoles que habían recibido la ayuda de Louverture empezaron a mostrar sus verdaderas intenciones. Cuando quedó claro que los colonos y militares españoles pretendían instaurar su propio sistema esclavista en Saint-Domingue, Louverture les abandonó. Durante su período con ellos se estableció como un líder fuerte con varios dirigentes competentes bajo su mando. Muchos de los que le siguieron alcanzarían la fama en sus puestos, como Henri Christophe y Jean-Jacques Dessalines. Su propio sobrino, Moise, fue capaz de hacerse un hueco por sí mismo durante los siguientes años.

Una vez abandonado a los españoles, Louverture intentaba determinar cuál sería su siguiente paso.

Un par de meses después, los británicos reclamaron Puerto Príncipe, de manera que controlaban la mayoría de los puertos de la isla y los españoles y los antiguos esclavos tenían prácticamente el control de toda la porción oeste de Saint-Domingue. Según se enfrentaban a la pérdida de una gran parte de su una vez próspera colonia, los franceses retiraron a los que habían enviado para restablecer el orden. Tanto Polverel como Sonthonax regresaron a su país de origen. Sonthonax fue acusado de traición por los colonos que habían conseguido retornar a Francia, pero fue absuelto. Esto suponía un cambio drástico de parecer respecto a un par de años atrás cuando Francia no apoyaría a nadie dispuesto a ofrecer la libertad a los esclavos. Esto era un signo positivo para Louverture mientras intentaba vislumbrar quién era más probable que hiciese realidad los deseos de los descendientes de africanos.

Hacia finales de año, muchas de las hordas de antiguos esclavos que se habían mantenido independientes se habían unido a Louverture. Esta era la primera vez desde Boukman que un cabecilla había sido capaz de juntar a tantos seguidores. Era el momento de decidir cómo usar estas fuerzas para conseguir la libertad y las vidas que tanto ansiaban.

Para final de año Louverture había decidido el camino a seguir. En conjunto con otros líderes, lanzaron estratégicamente varios ataques contra los británicos. A pesar de controlar los puertos, los británicos eran los que tenían menos influencia en la isla. Los españoles aún gobernaban la otra parte de la isla, La Española, lo que significaba que era más difícil deshacerse de ellos. A diferencia de estos, los británicos habían perdido contra sus colonias recientemente, lo que demostraba que tenían debilidades que serían más fáciles de explotar. El esfuerzo calculado de los rebeldes empezó a dar frutos lo suficientemente pronto como para envalentonarse por sus logros. Esa primavera, Louverture finalmente tomó Mirebelais, un puerto al noroeste de la antigua capital, Puerto Príncipe.

Poco después, España y Francia finalmente firmaron la paz. Sin Louverture y sus seguidores, los españoles dejaron de dominar la porción de la isla donde habían triunfado el año anterior. Sin interés en recuperar Saint-Domingue, España cedió sus ganancias a Francia, ratificadas más tarde en el Tratado de Basel.

Esto suponía un pequeño alivio para Francia, que seguía inestable debido a su propia revolución. La Convención Nacional se disolvió poco después de que la paz entre Francia y España (al menos en la isla), se extendiese y se estableció en su lugar el Directorio. En un intento de afrontar los problemas en Saint-Domingue, enviaron a otra comisión civil a la isla. Su supuesto propósito era asegurar que el reglamento y las leyes francesas se implementasen de nuevo en la colonia. Esperaban devolverle a la isla el mismo estatus que una vez tuvo, especialmente ahora que Francia necesitaba aumentar sus fondos. Pretendían conseguirlo basándose en las proposiciones hechas por Polverel y Sonthonax: los jornaleros seguirían siendo libres y trabajarían en las plantaciones por una paga. Rechazaron que volviese a ser una colonia esclavista, ya que en ese momento en Francia la mayoría pensaba que todos los hombres eran creados libres y deberían permitirles seguir así. Sin embargo, los franceses se sentían superiores a los otros países por ello. Mientras que ellos decían que creían en la igualdad, Francia estaba luchando realmente por la igualdad universal y no solo basada en unos pocos factores.

En marzo del año siguiente Louverture demostró, no solo ser instrumental, sino más poderoso que muchas de las personas a las que se consideraba la autoridad gobernante. El gobernador general Laveaux regresó a la isla, desembarcando en Port-de-Paix alrededor del 20 de marzo. Cuando vio el estado de la colonia creyó que los mulatos se habían aprovechado de la situación y comenzó a contener su control. Su mayor medida fue poner en libertad a otros encarcelados de descendencia africana. Por esto y por su fuerte vínculo con Louverture, los mulatos temieron perder el poder que habían podido disfrutar en la paz recién establecida. Como respuesta, arrestaron y acusaron a Laveaux de tiranía y posteriormente fue liberado por orden directa de Louverture. Por este gesto, el gobernador general decidió nombrar a Louverture gobernador teniente. Laveaux esperaba que el hombre que le había liberado fuese un aliado fiable, sin olvidar el factor del apoyo masivo con el que contaba entre la población. Al encumbrar a Louverture, Laveaux esperaba cimentar su posición para establecer las reglas y regulaciones que había venido a asegurar en la colonia.

Dos meses después, llegaron tres comisionados más, entre ellos, Sonthonax. Durante los siguientes meses hubo varias luchas menores de poder. Rochambeau fue despedido y regresó a Francia al ser incapaz de ponerse de acuerdo con Sonthonax. Rigaud, un hombre que había luchado al lado de Louverture contra los británicos reemplazó a Rochambeau como gobernador general. Por entonces, España completó su retirada de La Española acorde a los términos del tratado de paz.

Hacia finales del verano, se celebraron elecciones en la isla para determinar los colonos que les representarían en el nuevo cuerpo legislativo francés. Louverture hizo todo lo que estuvo en su mano y consiguió que Laveaux y Sonthonax fueran elegidos.

El error de cálculo de Louverture

Los colonos franceses estaban al tanto del poder que ejercía Louverture debido a su capacidad de influencia. Era consciente de la atención que recibía y pronto encontró una forma de consolidar su propio poder. Como prolífico autodidacta, Louverture conocía las ideas de la Ilustración y cómo aprovecharlas. Justo cuando había ganado su posición a través de Laveaux, Sonthonax reconoció el poder de Louverture y su habilidad para ejercerlo nombrando a este antiguo esclavo comandante en jefe del ejército colonial.

Pasó un año en relativa paz, pero en agosto de 1797, Louverture prácticamente expulsó a Sonthonax de Saint-Domingue para amasar más poder y con la esperanza de conseguir el favor del gobierno francés. El año anterior había sido una decepción para Sonthonax cuando le obligaron a quedarse en la isla mientras que Laveaux volvió a Francia, aunque a Sonthonax todavía le quedaba más de un año de misión en las colonias. Esto suponía un trato relativamente denigrante para un hombre que había sido capaz de mantener a los británicos fuera de Puerto Príncipe durante tanto tiempo, mientras que Louverture se había aliado con los españoles para luchar contra los franceses. Esto no parecía algo que se pudiese ignorar, ya que Sonthonax había demostrado en múltiples ocasiones su compromiso con Francia. Sin embargo, lo que no tuvieron en cuenta fue el hecho de que la prioridad de Louverture eran los de descendencia africana y no los países europeos que les esclavizarían. Esto fue motivo de discordia constante durante los 12 años de la guerra y algo que los europeos fueron incapaces de entender durante todo el conflicto. Aunque se consideraba a Louverture como francés, se veía al lado de los que le habían seguido y no con los que creían que le dirigían. Esa era, a lo mejor, la motivación tras su comportamiento, pero no dio esa sensación.

Aunque su marcha debería haber sido un alivio, el hecho de que el hombre al que elevó a comandante en jefe le estaba presionando creó una considerable fricción, tanto que la celebración de su despedida acabó siendo relativamente hostil. Fue un grave error de cálculo por parte de Louverture, ya que los franceses no se lo tomaron como él había esperado; en vez de admirar su poder y determinación, empezaron a verle más como una amenaza. Si Louverture podía obligar a un representante francés a retornar, terminando su misión con antelación, suponía una amenaza igual que los españoles o ingleses. ¿Qué iba a evitar que se hiciese con toda la colonia?

Capítulo 9: La derrota de Inglaterra y el respeto internacional

Los británicos habían sufrido muchas bajas, más por la fiebre amarilla que por la guerra, lo que provocó un problema de baja moral en las tropas. Como respuesta, Inglaterra mandó más unidades con la esperanza de consolidar su territorio. Lucharon directamente contra Louverture y pronto averiguaron que tenían los mismos problemas a la hora de derrotarle que los franceses habían sufrido durante el primer año de la guerra. A pesar de su falta de entrenamiento militar, los antiguos esclavos eran expertos en atacar y retirarse de formas que complicaban extremadamente la victoria de los británicos. Era una guerra de abandono. Siempre que derrotaban a Louverture, se retiraba, reagrupaba y regresaba y en junio de 1797 fueron testigos de esto en Fort Churchill. A pesar de la derrota de los rebeldes, era imposible no maravillarse con la tácticas empleadas en el ataque. El impresionante liderazgo de Louverture y la reacción de sus hombres sin preparación militar provocaron la marcha del general John Graves Simcoe y del coronel Thomas Maitland, que abandonaron la isla para recomendar la total retirada de los británicos de Saint-Domingue. Su recomendación condujo a la decisión final, pero se involucraron en varias batallas más hasta que llegaron las noticias a la isla de que los británicos abandonaban la empresa de conquistar Saint-Domingue.

Louverture continuó actuando igual que en los años anteriores, recuperando la mayoría de las zonas que habían estado bajo control británico hacia el oeste. Rigaud hizo los mismos progresos hacia el sur, con la derrota de los europeos en Jeremie.

En marzo de 1798, los británicos finalmente se rindieron. Tras la gran pérdida que supuso la Revolución americana, la apuesta de tomar la colonia francesa había resultado un error devastador. En vez de conseguir una isla próspera, habían perdido una considerable cantidad de dinero y un elevado número de soldados. Al final, Louverture se sentó con ellos a negociar la paz. Teniendo en cuenta su posición y la cantidad de veces que él y Rigaud les habían derrotado, aceptaron el acuerdo. No tenían ningún interés en prolongar una guerra que ya parecía perdida.

Además del tratado de paz, Louverture ofreció la amnistía total a todo aquel que luchó con los británicos, incluidos los colonos franceses, aunque su promesa no contaba con la autoridad del gobierno francés. También trabajó con Maitland en un acuerdo que aseguraba a los británicos que abandonaban Puerto Príncipe que no apoyaría ninguna rebelión de esclavos en Jamaica.

La respuesta de Francia a lo que entendieron como un insulto

Una vez Sonthonax volvió a Francia mandaron a un sustituto a la colonia. El comisionado Hédouville dejó Francia poco después de la llegada de Sonthonax y desembarcó en la isla en abril de 1798, justo un mes después de las negociaciones de Louverture con Inglaterra. Su misión seguía siendo la misma que la de los anteriores comisionados: garantizar el cumplimiento de la ley francesa dentro de la colonia, pero, además, se añadió un propósito tácito también, erosionar el poder de Louverture. Aunque Hédouville no pudo crear división entre su objetivo y Rigaud, consiguió algo posiblemente mejor, que Louverture dimitiese de su puesto en el Directorio. Este acto se consideró como un insulto en Francia y Hédouville jugó sus cartas de forma que consiguió mandar a tres generales para reemplazarle. Por desgracia, el comisionado se pasó de la raya cuando comenzó a sustituir en el ejército a los antiguos esclavos por descendientes de franceses. Se les mandó a trabajar a las plantaciones, una estrategia que parecía dar un paso hacia la restauración de la esclavitud y, como consecuencia, empezaron a rebelarse sutilmente.

Al percatarse de que perdía poder, Louverture tomó medidas. Aunque le habían obligado a ceder su puesto de forma parecida a lo que le había hecho a Sonthonax, no le gustó nada que le hubiese salido mal la jugada. Al haber forjado una relación decente con los británicos durante las negociaciones, firmó una alianza con ellos. Aunque EE.UU. se había mantenido en gran medida alejado de los problemas en el Caribe, y especialmente no confiaban en Louverture, estaban teniendo problemas con Francia. Los barcos franceses atacaban continuamente los mercantes americanos y el ejército estadounidense había empezado a cazarlos. Era el comienzo de la Cuasi-Guerra, uno de los conflictos menos conocidos (nunca se declaró oficialmente) entre EE.UU. y la República francesa. A pesar de su hostilidad con él, EE.UU. también firmó una alianza secreta con él y le sacarían provecho en 1800. Realizó estos dos acuerdos cuando empezó a notar cómo se escapaba su influencia en Francia. Estas estrategias tenían muchos fallos en su intención, convirtiéndose en un problema y, finalmente, en su perdición. Aunque tanto Inglaterra como EEUU cumplieron con su parte, no fue suficiente como para que Louverture recuperara el poder que antaño tuvo. Sin embargo, no podía predecirlo con los hechos tras la marcha de los británicos de la isla.

Inglaterra ejecutó los términos del acuerdo de paz con Francia negociado con Louverture: abandonaron totalmente Saint-Domingue y no interfirieron con el comercio hacia y desde la isla. A Francia le complacían los resultados de la negociación, ya que sus recursos habían sufrido grandes daños tras tantos años de guerra con Inglaterra, España e internamente. Reabrieron los puertos con la intención de restaurar el nivel de prosperidad de la isla de la década anterior. Algunos argumentaban que la única forma de conseguirlo era reestablecer la esclavitud y a uno de los poderes emergentes de Francia no le resultaba una idea descabellada.

Francia empezaba a resurgir de la Revolución con uno de sus líderes más reconocidos, Napoleón Bonaparte. Era un hombre que no dejaba impune las faltas de respeto y atajaba las situaciones peligrosas cuanto antes. Louverture ya había demostrado que era más una amenaza que un recurso. Mientras los franceses intentaban retomar la isla y devolverla a su antiguo esplendor, se tropezaban con muchos problemas y pensaban que Louverture era uno muy grande. Napoleón tenía sus propias ideas sobre cómo debería funcionar Saint-Domingue y no se parecía a ninguno de los intentos de paz que habían sido populares durante los anteriores dos años. Con los demás países europeos fuera de juego, estaba claro quién era el enemigo y qué estaba lastrando a Francia.

Sin enemigos a los que enfrentarse, los antiguos esclavos y sus exseñores tenían que hacer frente de nuevo a la realidad de la historia y las visiones divergentes del futuro. Si Bonaparte no hubiese ascendido al poder de la forma en la que lo hizo, a lo mejor la isla podía haber avanzado según el curso de las alianzas entre oprimidos y opresores. Puede que, si Louverture no hubiese intentado ejercer su dominio sobre el nuevo gobierno francés, hubiese tratado a sus aliados con respeto en vez de con la fuerza, Francia no le hubiera visto como una amenaza y la historia hubiese sido diferente. Por desgracia, la historia humana está plagada de fuentes de poder enfrentadas y solo una puede vencer. Lo que aconteció en Saint-Domingue no puede ser replicado en ningún otro lugar porque nunca se han dado esas condiciones e historia extremas que provocaron el interés de tantos en la pequeña isla.

Crece la tensión entre Hédouville, Louverture y Rigaud

Los intentos de Hédouville por deshacerse de Louverture no fueron del todo fructíferos hasta octubre de 1798. Los antiguos esclavos estaban nerviosos y preocupados por la intención tras los movimientos de Hédouville (especialmente porque parecían indicar que se estaba preparando para restaurar la esclavitud), cuando cometió un error crucial que les demostró que suponía un peligro para su libertad. Arrestó a Moise, el sobrino de Louverture y uno de los líderes más populares que ayudaban al político. Entendieron esta jugada como el principio del intento por parte de Francia de volver al sistema anterior a la revolución. Moise pudo escapar y se las arregló para que muchos de sus seguidores más entusiastas atacasen a Hédouville, pero Louverture fue un paso más allá y ordenó que arrestasen al francés y le deportasen a Europa. Esto consiguió abrir una grieta entre el haitiano y Rigaud que nunca cerraría, tal y como Hédouville quiso.

Aunque Louverture y Rigaud habían sido los dos líderes que habían expulsado con éxito a los británicos, no apreciaban a Francia de la misma manera, ya que Louverture sospechaba de las motivaciones de sus representantes. Tras las negociaciones con los británicos, parecía que confiaba más en Inglaterra que en la nación de la que se supone que era considerado ciudadano. Los franceses habían sido poco fiables ya que, como había predicho, todos sus movimientos habían sido en contra de los antiguos esclavos. Louverture, que ahora sabía que Francia quería reducir su poder, tenía sus razones para desconfiar cuando trataba con aquellos leales al país europeo.

La jugada de Louverture y su camino hacia la estabilidad

Al no ser la clase de hombre que deja escapar su posición e influencia, especialmente cuando supondría retroceder respecto a todo lo que había conseguido, Louverture utilizó la alianza con EE.UU. en un órdago por deshacerse de Rigaud. Según su acuerdo, la marina de EE.UU. comenzó un bloqueo del sur en el puerto de Jacmel para aislar a Rigaud, pero acabó creando más problemas que soluciones. Jean-Jacques Dessalines, un general de Louverture, se enfureció cuando EE.UU. capturó por error a uno de sus oficiales y su brusca respuesta no se hizo esperar. Esto supuso un problema para Louverture, que tuvo que disculparse directamente con los oficiales americanos por la cortante carta que había enviado su general, en un intento de calmar la situación. Las negociaciones y contacto directo del haitiano con EE.UU. llegaron a oídos de Francia, que no estaba nada contenta con estas discusiones sin autorización ni control francés. Louverture no tenía ningún derecho a hablar en nombre de Francia y sus cartas no parecían indicar que se sintiera como parte de esta.

Mientras que ponía a los franceses nerviosos con sus trapicheos con otros países, Louverture también se encontraba con problemas para reconstruir Saint-Domingue. La isla tenía que ser productiva y eso significaba que algunos de los antiguos esclavos tenían que trabajar como jornaleros por una porción de los beneficios de las plantaciones, un plan de futuro muy parecido a los de Sonthonax y Guadeloupe. Su sistema de gobierno era, podría fácilmente decirse, el de una dictadura militar, ya que con el exilio de Rigaud ya no había ninguna autoridad que cuestionase sus decisiones. Las leyes que pasaba las ejecutaba su ejército y se convirtió el comandante en jefe supremo de la isla.

Su poder y su aparente intento de posicionarse por encima de todo el mundo incomodaba a muchos antiguos esclavos. Estaban en contra del camino por el que les estaban arrastrando por la misma razón por la que rechazaban a los representantes franceses: querían sus propias tierras que labrar.

Una parte incluso más controvertida del plan de Louverture era traer a más africanos a la isla para aumentar la mano de obra. Había decidido que era necesario mantener un flujo similar de bienes para comerciar con las colonias circundantes y otros países. Después de tantos años de lucha, Louverture creía que perpetuar un sistema que se había demostrado que funcionaba era la mejor manera de asegurar que no se quedaban sin suministros. Naturalmente, aquellos forzados a volver a las plantaciones no estaban de acuerdo con esta valoración y, por primera vez, Louverture empezó a parecer más un tirano que un salvador de la gente que había luchado con él. El hecho de que estaba dispuesto a traer más gente era una señal de que sus ideas se alejaban de la libertad por la que tantos habían luchado y perdido sus vidas.

Capítulo 10: El ascenso de Napoleón y su efecto inicial en Saint-Domingue

Napoléon consolidaba su posición en Francia y con su golpe de estado en 1799 cambió la perspectiva sobre las colonias, especialmente Saint-Domingue. Su enfoque era mucho más tradicional y su ministerio estaba repleto de gente proesclavitud. Varias de las personas trabajando para él habían estado en la isla cuando comenzó la Revolución haitiana y deseaban que volviese a ser la próspera colonia que una vez fue. Por supuesto, no era el deseo de ayudar a Francia lo que les motivaba, sino las plantaciones que habían poseído hasta mediados de 1790.

Esto no significa que Napoleón no intentase aparentar que estaba del lado de Louverture y sus seguidores. En diciembre de 1799 redactó una proclamación para asegurarles que cumpliría con el decreto de Luis XVI de 1792. Esto, claro, venía con un precio: se crearía un grupo de nuevas leyes para todas las colonias, incluida Saint-Domingue, y ninguna tendría representación en Francia. Más aún, ningún colono tendría los mismos derechos que un francés viviendo en Francia. Napoleón envió a tres representantes a la isla para informarles de los cambios y aplicar sus nuevas normas. Como no había mención de la emancipación en estas leyes, el nuevo líder de Francia simplemente les aseguró a los antiguos esclavos que seguirían siendo libres bajo su mandato.

Obviamente la visión de Napoleón en relación con la isla no estaba en línea con la dirección hacia la que Louverture la dirigía. Creía que todo aquel en la isla era francés y además le disgustaba la falta de legalidad respaldando la promesa de que no se les forzaría de nuevo a trabajar. Aunque Louverture forzaba a los jornaleros a volver a las plantaciones, los castigos eran limitados y los trabajadores tenían más tiempo libre. Dada la naturaleza de los intentos de Napoleón por imponer sus leyes sin ninguna garantía legal de que cumpliría sus promesas, aquellos en Saint-Domingue comprensiblemente recelaban de las siguientes medidas que tomaría. El tiempo les daría la razón.

La respuesta de Louverture a Napoleón y los crecientes problemas internos

En este momento la respuesta de Louverture debería haber sido predecible. Había estado reafirmando su poder durante varios años y los franceses se habían dado cuenta, pero no habían hecho mucho más que inquietarse. Cuando Napoleón finalmente surgió como líder, Francia pasó a la acción respecto a lo que pensaban del poder de Louverture, y esto iría más allá de simplemente desautorizarle. Sin embargo, Bonaparte no pretendía ejercer el poder que creía que amasaba hasta que Louverture exhibiese el suyo.

A principios de 1801, Louverture y sus hombres consiguieron deshacerse de los españoles en la otra parte de la isla. Ahora a la isla entera se la consideraba Saint-Domingue, y los rebeldes abolieron la esclavitud. El militar haitiano creó una constitución que dictaba la forma de gobierno de la isla, y uno de sus pilares sería que nunca se restauraría la esclavitud. Los años anteriores había establecido con éxito colegios públicos para fomentar la educación. Sabía que era muy afortunado por haber sido un esclavo doméstico en vez de trabar en las tierras, ya que eso le había ofrecido el tiempo y los recursos para aprender por sí mismo. Louverture quería asegurar que todos los antiguos esclavos tenían las mismas oportunidades de aprender porque sabía que la educación era esencial para que la colonia fuese un éxito.

Una vez llegaron los representantes franceses, Louverture creyó que era necesario que los nuevos líderes franceses conociesen cómo estaban las cosas en la isla. Proclamó que la constitución que su asamblea y él habían ideado era por la que se regiría la colonia. Como gobernador general vitalicio, sus seguidores más cercanos y él creían que esto estaba dentro de sus derechos. De esta forma consolidaba su poder y proporcionaba a los representantes franceses una idea del estado actual de la colonia. Todo lo mencionado ya se había establecido en la isla, incluida la eliminación de los clases sociales que colocaban a unos por encima de otros. Esta constitución estaba más en línea con los ideales del primer gobierno al comienzo de la Revolución francesa. Louverture afirmó que todo aquel en la isla era ciudadano francés, algo que el gobierno francés finalmente había acordado antes del golpe de Napoléon. También prohibió el vudú y estableció el catolicismo como religión oficial de Saint-Domingue, cuestión que, junto con el requerimiento de que los antiguos esclavos trabajasen como jornaleros, encontró resistencia internamente.

El hecho de que esta constitución pretendía establecer que la colonia era independiente e igual a Francia, a la vez que también disfrutaba de las mismas ventajas de los ciudadanos franceses, fue la gota que colmó el vaso para Napoleón. Era de esperar dado el historial de Louverture de reafirmar su dominio, tanto en la isla como contra Francia. Fuese esperado o no, Napoleón no iba a permitir que nadie en su imperio realizase tales afirmaciones. En julio de 1801, el nuevo líder francés envió al general Victor-Emmanuel Leclerc a reafirmar el dominio francés de la isla y reestablecer la esclavitud. Napoleón estaba de acuerdo con aquellos en su gobierno que reclamaban tierras en la colonia y Louverture no era más que un esclavo rebelde al que tenían que arrebatarle el poder que había amasado. Imponer la esclavitud amedrentaría a la gente de intentar alcanzar un poder similar.

Ese mismo mes, EE.UU. contaba con un presidente nuevo, Thomas Jefferson que, al defender que el acuerdo firmado con Louverture no se había establecido bajo su mandato, se negaba a aceptar los derechos del haitiano sobre la isla. Como opositor a una libre Saint-Domingue, el nuevo presidente de los EE.UU. aseguró a Napoleón que le apoyaría en sus intentos de someter a la isla de nuevo bajo el yugo de la esclavitud. Aunque este era el principio del fin de Louverture, el antiguo esclavo había demostrado en repetidas ocasiones que podía ganarle la partida a todo aquel que le amenazase con traer de vuelta a la esclavitud. A los esclavos ya les habían dirigido muchas personas, y no necesitaban a Louverture para perpetuar la libertad por la que habían luchado tan arduamente, además, tampoco creían que podían seguir confiando esa libertad a Louverture. Había demostrado ser un tirano al que no podían seguir ciegamente y creer que defendería sus ideales.

El intento de Napoleón de reclamar la isla y la rebelión interna

Después de varios meses de descontento hirviendo bajo la superficie, los alzamientos comenzaron en octubre de 1801. Había varios cabecillas, aunque el más notable era Moise, el sobrino de Louverture. A pesar de haber luchado bajo el mando de su tío, estaba de acuerdo con el resto de que Louverture estaba explotando a aquellos con menor educación y poder. Asesinaron a 250 de los colonos franceses restantes en la provincia norte e intentaron declarar la independencia de Saint-Domingue de Francia. Pensaban que Louverture había beneficiado demasiado a los franceses y ya no confiaban en que usara su poder para beneficio de todos. Planearon distribuir equitativamente la tierra para que los jornaleros pudiesen ser realmente libres, en vez de seguir trabajando para los colonos, que creían seguían siendo demasiado crueles.

No sorprendió a nadie que Louverture reaccionase a esta rebelión interna igual que como lo había hecho respecto a otras amenazas a su poder: la rebelión fue sofocada violentamente. Arrestó a su sobrino y le llevó a juicio, pero ni siquiera le proporcionó un defensor y fue fusilado tras el juicio. Al final, alrededor de 1000 rebeldes de la zona norte fueron ejecutados. Los colonos restantes no sabían muy bien cómo reaccionar ante este giro inesperado y ahora era obvio que había perdido la confianza y el apoyo de aquellos que le ayudaron en su ascenso al poder. Igual que muchos dirigentes militares antes que él que intentaron gobernar con la fuerza, Louverture fue incapaz de ver sus defectos, creyendo que era demasiado poderoso como para fracasar. Su arrogancia precipitó su caída, que estaba en esos momentos cruzando el océano bajo las órdenes de Napoleón.

En octubre de 1801, Leclerc estaba de camino a Saint-Domingue con instrucciones estrictas sobre cómo llevar a la isla a los días anteriores a la rebelión. En las dos a tres primeras semanas, Leclerc tenía que asegurar a todos los residentes que Francia había mandado soldados únicamente para garantizar la paz en la isla. Claramente, no iba a divulgar que los 20.000 hombres que iban a desembarcar eran en realidad soldados de élite del ejército francés, ni que su labor de proteger los puertos era en realidad una tapadera.

Durante las tres primeras semanas en las que arribaron todas las tropas, las fuerzas militares empezaron a asesinar a todos los involucrados en la rebelión. Su objetivo debían ser los cabecillas del alzamiento para que el resto de rebeldes se quedasen sin cadena de mando ni moral. Todos los antiguos esclavos y mulatos que habían obtenido un rango de capitán o mayor tenían que desaparecer de la isla, ya fuese ejecutándoles o mandándoles a Francia para ser juzgados. El resto de exesclavos y mulatos debían volver a las plantaciones donde se reinstauraría la esclavitud. Este plan contaba con una estrategia mucho mejor que aquellas utilizadas contra los antiguos esclavos. Desde luego parecía que Napoleón no quería subestimar a su enemigo, pero el problema radicaba en que, como muchos de los anteriores dirigentes que se habían enfrentado a los rebeldes haitianos, no fue capaz de calcular su astucia y fiereza, incluso sin sus líderes. Era el principio del fin de la Revolución haitiana. A diferencia de las otras revoluciones más conocidas, los antiguos esclavos luchaban por mucho más que solo su representación o la eliminación de la monarquía. Tenían muchos más incentivos tras tantos años sin claudicar y las tácticas que utilizaron entonces fueron las más brutales de todo el conflicto de 12 años.

Capítulo 11: El fin de la revolución

A finales de 1801 Francia había firmado la paz con Inglaterra, de manera que contaba con más soldados disponibles para destinar a las colonias, especialmente Saint-Domingue. Por primera vez en la mayor parte de los 12 años, Francia no estaba luchando contra gran parte de Europa ni contra ella misma, de manera que ahora buscaba recobrar la prosperidad que una vez había obtenido del Caribe. Mayormente este interés se daba porque Napoleón sabía que necesitaría los fondos para sus futuros esfuerzos, pero tampoco podía tolerar que hubiese una colonia dentro de su imperio que le plantase cara. Esta táctica funcionó en otras colonias francesas (Guadalupe y Martinica), de manera que no podía aceptar la pérdida de la isla con el mayor potencial.

Leclerc desembarcó en febrero de 1802. Le Cap había sido arrasada de nuevo para desalentar a los franceses por lo que cuando Leclerc llegó a la ciudad con sus cartas y sus promesas, había poco esperándole. Aun así, ordenó que arrestaran a Louverture. El político haitiano intentó advertir a sus generales de que los franceses planeaban reinstaurar la esclavitud en la isla, pero muchas de sus cartas fueron interceptadas y muchos de sus generales acabaron del lado de los franceses durante los siguientes meses. Tras haber perdido bastante su apoyo, el autodeclarado gobernador general no podía sino esperar que la mayoría de los nuevos soldados franceses cayesen víctimas del duro clima y la fiebre amarilla. Sus oraciones fueron parcialmente oídas y, a las tres semanas de lucha, el ejército francés contaba con 2.000 bajas debido a las heridas o enfermedades.

Leclerc reconoció el peligro de la isla y pidió varios miles de hombres más y un envío mensual de refuerzos fijo para garantizar que siempre hubiese tropas en la isla para asegurar el éxito del plan. En marzo sus fuerzas fueron devastadas en la batalla de Crête-à-Pierrot cuando atacaron las defensas del general Dessalines. Con la presión de seguir el calendario que había establecido Napoléon, Leclerc creía que tenía que eliminar la resistencia oeste. Aunque superaba en número a los rebeldes 1.500 a 12.000, Dessalines repelió su ataque dos veces. A pesar de estas victorias, cuando se dio cuenta de que no iba a poder vencer, Dessalines evacuó a sus hombres atravesando las líneas enemigas.

En abril, Leclerc intentaba capturar tanto a Louverture como al general Cristophe. Cuando Louverture envió a Cristophe para negociar, su general desertó al bando francés, llevándose a 12.000 soldados con él. Todos sus hombres, armas y municiones se volvieron en contra de Louverture.

El militar haitiano regresó a su plantación hasta junio de 1802. Leclerc intentó negociar de nuevo con él, ofreciéndole retirarse con sus hombres al lugar que quisiera. Sin otras opciones, Louverture claudicó y el general Dessalines no tuvo más remedio que aceptar esta decisión. Descorazonado porque el gobernador general no hubiera comenzado a luchar inmediatamente al averiguar las intenciones de los franceses, Dessalines permaneció a la espera. Gozaba de mayor respeto que Louverture en ese momento y sus hombres le eran más leales a él, especialmente tras la espectacular huida del fuerte el mes anterior.

Para el final de ese mes, Leclerc se dio cuenta de lo mucho que Napoléon había subestimado las condiciones y la fuerza de voluntad de la gente contra la que estaba luchando. Morían soldados a la velocidad pasmosa de 30 o 50 al día. Con casi todas las ciudades reducidas a cenizas, no tenían muchos recursos para atender a los heridos y enfermos. Esto desencadenó un aumento en la proporción de la mortalidad que sobrepasaba la capacidad de los militares de controlar las diferentes zonas de la isla. Tras mandar una carta a Francia preparándolos para que buscaran un sucesor, Leclerc realizó una jugada que debería haber sido una conclusión anticipada. En junio de 1802 arrestó a Louverture en una conferencia. Trataron al gobernador general como a un vulgar criminal, y fue enviado a Francia junto a su familia, donde murió en prisión.

Aunque se habían vuelto en su contra, mucha gente pensaba que el arresto de Louverture era inaceptable. Incapaces de confiar en ninguna de las promesas de Francia, la porción sur de la isla inició un movimiento para eliminar por completo a los franceses de la isla. La rebelión se extendió como la pólvora a partir de entonces mientras Leclerc intentaba restaurar la paz. Su exigencia de que volvieran a las plantaciones desató más violencia y, como todavía no había completado su tarea de desarmar a los antiguos esclavos y mulatos, no estaba preparado para luchar, especialmente al estilo guerrilla que los isleños habían perfeccionado durante más de una década.

Llegaron a oídos de los rebeldes las noticias sobre la suerte de las otras colonias francesas, en especial Guadalupe y Martinica, donde habían reinstaurado con éxito la esclavitud. Con los planes de Francia sobre la mesa, los descendientes de africanos de la isla se volvieron completamente en contra de los franceses. El hecho de que restablecieran la esclavitud antes de lo planeado en algunos lugares socavó cualquier esfuerzo que Leclerc podía haber intentado bajo la farsa inicial que planteó.

Las provincias del norte se alzaron de nuevo cuando el sur comenzó a coordinarse mejor. Sin saber en qué antiguos esclavos y mulatos podían confiar, los franceses empezaron a asesinar a todo aquel que sospechaban tramaba en su contra, reestableciendo la guerra racial que había provocado la rebelión. Sus métodos crueles y brutales demostraban que nada había cambiado; los franceses eran demasiado bárbaros e incapaces de aceptar una igualdad real como para confiar en ellos. Los que estaban luchando lo habían estado haciendo durante una década en las duras condiciones de la isla. No necesitaban líderes para saber cómo coordinar ataques y retirarse estratégicamente. Los antiguos esclavos preferían la muerte antes que volver a la esclavitud y eran capaces de reclutar más almas según atravesaban la isla.

Dada la resistencia y el creciente rencor de los habitantes de la isla, Leclerc decidió que tendría que aniquilarlos a todos si quería completar su misión. Habían invertido demasiado para mantener su libertad como para que fuese factible controlarles bajo el yugo de la esclavitud.

Para agosto de 1802, los rebeldes sureños empezaron a atacar posiciones estratégicas con defensas inadecuadas, de modo que no podrían frenar sus ataques. Aquellos que habían luchado con los franceses según la decisión de sus antiguos dirigentes ahora contaban con armamento francés, de manera que no tenían que saquear ni robar. Solo tenían que apuntar hacia los soldados franceses.

En octubre, Christophe y Dessalines eran algunos de los líderes que llamaban al ataque total contra los franceses y los rebeldes estaban de acuerdo. Los isleños crearon un ejército más formal con rangos y oficiales. Leclerc murió hacia finales de año de fiebre amarilla, momento en el que Rochambeau tomó el control del ejército e inmediatamente solicitó 35.000 soldados. Sus métodos eran mucho más cruentos que los de Leclerc. Mientras que Leclerc había usado la sutileza y la astucia, Rochambeau se decidió por la violencia directa. Algunos de sus esfuerzos por deshacerse de los rebeldes incluían perros adiestrados para cazar y aniquilar hombres.

Con su crueldad, Rochambeau espoleaba a aquellos que seguían al margen del conflicto para que pasasen a la acción. Luchaban desde dentro, ya que todavía trabajaban para los franceses. Estos nuevos miembros de la resistencia destruían campos y otras activos valiosos o estratégicos para los franceses.

Fue durante este periodo cuando Dessalines empezó a consolidar su poder. Para controlar la rebelión, asesinaba a aquellos que no seguían sus órdenes. Era más militante que Louverture y no era tan sutil en sus acciones. Tras la caída del gobernador general, Dessalines estaba convencido de que su manera de hacer las cosas era la única posible. Devolvió la brutalidad de Rochambeau con la misma violencia: ningún colono podía sobrevivir y se aseguró de que todos fueran extirpados de cada rincón que tomaban los rebeldes. A menudo obligaba a aquellos que era más probable que condenasen esa crueldad (especialmente mulatos que tenían conexiones con Francia) a que llevasen a cabo los asesinatos para enfatizar su propio poder. Quería que todo el mundo supiera que ya no había marcha atrás, incluso aunque supusiese mancharse las manos con sangre de inocentes. Había aprendido a ser cruel cuando era un esclavo y no tenía ninguna piedad por aquellos que veía como los opresores, aunque no lo fueran.

Su odio ciego a todos los de descendencia europea sería uno de los muchos factores que perjudicarían al país durante décadas. Sin embargo, Dessalines pensaba en términos militares y, sin un claro camino para el futuro, se le ocurrió uno cruel que le mantendría a él y a sus hombres entretenidos: el rechazo y destrucción de todos los que le recordasen a los antiguos dueños de esclavos. Emplearía esta misma táctica de nuevo más adelante en circunstancias incluso aun más cuestionables. Mientras que Louverture había aprendido y aplicado su maestría en negociaciones y planificación para el futuro, Dessalines no podía ver más allá de su estrategia inmediata. No quería admitir la necesidad o uso de los europeos, una actitud muy peligrosa y miope para una pequeña isla rodeada de descendientes europeos. Su victoria al declarar la independencia del país fue ensombrecida por el hecho de que nadie fuera de sus fronteras reconoció esa libertad o su reivindicación como portavoz del pueblo haitiano.

En abril de 1803 Francia vendió Luisiana a EE.UU. y perdió interés en la costosa e ineficaz guerra con Saint-Domingue.

El ascenso al poder de Dessalines

La lucha continuó hasta finales de 1803. En mayo de ese año, Dessalines diseñó lo que se convertiría en la bandera haitiana arrancando el blanco de la bandera francesa. Defendía que los tres colores representaban a los africanos, los mulatos y los europeos que una vez poblaron la isla. Al expulsar a los franceses de la isla, solo permanecerían los colores rojo y azul de los africanos y mulatos. Durante los siguientes meses, los rebeldes tomaron múltiples zonas del sur y, en noviembre, Rochambeau finalmente se rindió con el acuerdo de que los franceses abandonarían la isla en 10 días pacíficamente. Desde la llegada de la primera ola de las fuerzas de Napoleón, aproximadamente 50.000 soldados franceses habían perecido. En el intento de restaurar la esclavitud y la prosperidad bajo el yugo francés, el país lo perdió todo.

Capítulo 12: Después de la revolución – La reconstrucción de Haití

Para finales de noviembre, Dessalines tomó Le Cap y rebautizó la ciudad como Cabo Haitiano (Cap-Haitien). En enero de 1804 renombró a la isla como Haití y declaró su independencia de Francia. Durante los siguientes meses ordenó la ejecución de todos los colonos restantes, a pesar de las promesas de que les protegería. En octubre de ese año, Dessalines se autocoronó como emperador Jacobo I y en mayo de 1805 ratificó la primera constitución de Haití con la esperanza de unificar a los grupos que habían estado luchando durante 12 años, a menudo unos contra otros. Recalcaba que no habría esclavitud en la isla, aunque el cruel orden militar de Dessalines a veces suponía una escasa mejora frente a esta.

Aunque la constitución otorgaba a todos los haitianos el derecho a poseer tierras, el nuevo emperador adoptó el mismo método de productividad usado por Louverture, y los franceses antes que él.

Fue la primera y última rebelión esclava que triunfó en el mundo occidental, y se utilizó como advertencia en otros países de lo que podía pasar si no se controlaba adecuadamente a los esclavos. A pesar de sus acciones en los últimos años, Louverture fue idolatrado como héroe y ejemplo a seguir. No vivió lo suficiente como para conocer el éxito de la isla, pero su nombre fue el más vinculado a su triunfo. El gobernador general lideró a la población durante la mayor parte del conflicto desde los albores de la revolución.

Sin embargo, el sistema que estableció forjó muchas de las desigualdades que se extendieron por la isla. Louverture no fue capaz de erradicar la discriminación entre antiguos esclavos y mulatos e, incluso hoy en día, es motivo de conflicto en el país. Su estructuración militar estricta del país fue usada con facilidad contra la gente por aquellos que estaban menos interesados en su bienestar, incluido Dessalines. Como alguien inclinado a gobernar por la fuerza, el nuevo emperador utilizó el sistema para rebajar a aquellos que no coincidían con él, asegurándose de que los isleños nunca fueran realmente iguales.

Dessalines fue asesinado dos años después de su coronación cuando se rebelaron los mulatos, y a continuación estalló una guerra civil para determinar quién sería el siguiente dirigente: Christophe o Sabes. Cristophe demostró su crueldad al obligar a los antiguos esclavos a volver a las plantaciones. Incluso bajo la ilusión de la igualdad, solo buscaba amasar más poder en vez de ayudar al pueblo. Se construyó un suntuoso palacio y una fortaleza nueva. Su final llegó en 1820 cuando se suicidó para evitar el motín que intentaba derrocarle.

El vacío de poder creado por el arresto y muerte de Louverture fue una de las causas principales de la incapacidad de la isla para cimentar su futuro. Sin embargo, no se sabe cómo le habría ido bajo su control, ya que había perdido la confianza de tantos con su sistema de gobierno y producción nada ideal.

El hecho de que la tierra había sido quemada a menudo durante los 12 años del conflicto fue otro problema a largo plazo. Las ciudades también habían sido reducidas a cenizas, dejando muy pocas infraestructuras aprovechables por la población. El aislamiento del resto del mundo anuló sus posibilidades de reconstrucción y progreso y, sin recursos y con las constantes luchas internas, Haití sufrió problemas nunca vistos en el mundo occidental desde su independencia.

Conclusión

Consecuencias duraderas – Más allá de la isla

Muchos de los factores que contribuyeron a su estado no estaban en manos de los haitianos, pero el trato brutal a aquellos que permanecieron en la isla volvería para atormentar a los isleños. Aunque sus métodos no eran peores que los de los franceses, el hecho de que Dessalines ejecutase a gente simplemente por estar en la isla se percibió como una afrenta al acuerdo. No es que ningún país occidental estuviese deseando reconocer a los antiguos esclavos como libertos con su propio país, pero su crueldad no ayudaba a Haití a recobrar su posición. En un momento de su historia en el que deberían haber buscado sembrar la paz y forjar alianzas, Dessalines aniquilaba a todos los que no fueran de descendencia africana o mulatos. Esta jugada solo podía ofender a aquellos que necesitaba para reconstruir el país.

Gran parte del mundo occidental estaba conmocionado por el triunfo de una rebelión de esclavos. Resentida por la derrota, Francia se negaba a reconocerla como independiente, igual que todo occidente porque todos temían lo que significaría el reconocimiento de la rebelión de esclavos. Por supuesto, la esclavitud en EE.UU. provocaría un conflicto sangriento no demasiado lejos de las fronteras de Haití antes del fin de siglo, pero incluso más de 50 años después, el país no estaba preparado para lidiar con las implicaciones de liberar a los esclavos.

La única cosa que los antiguos esclavos y mulatos gozaban cuando los europeos estaban permitidos en la isla durante los 12 años fue un flujo continuo de suministros. Ahora que se habían desecho de la mayoría de europeos (los franceses mantuvieron una pequeña presencia en la isla alejados de las ejecuciones de Dessalines), no tenían forma alguna de obtener los suministros necesarios para reconstruir los campos, ciudades o casas. Ningún país les reconocería, dejando al incipiente país casi mutilado. Esto contribuyó en gran medida a décadas de inestabilidad, ya que las condiciones eran muy duras sin poder utilizar a los colonos como chivos expiatorios.

Francia finalmente reconoció al nuevo país en 1825, más de 20 años después de haber perdido el control sobre la colonia. No es que Francia lo hiciese por su sentido de responsabilidad frente a su antigua colonia, sino porque Haití iba a indemnizar a Francia con 100 millones de francos a pagar antes del fin de 1887. Otros países empezaron poco a poco a reconocer a la isla, excepto EE.UU., que tardó hasta 1862, un año después del inicio de la guerra civil. Era una forma de decir que los esclavos debían ser libres como supondría cualquier reconocimiento del país. Aun así, el gesto implicaba que Haití podía establecer relaciones diplomáticas con uno de sus vecinos más grandes.

A pesar de ese reconocimiento, EE.UU. decidió ocupar la isla de 1915 a 1934, una clara evidencia para los haitianos de que a los europeos o de descendencia europea solo les interesaba usar la isla en su propio beneficio. Incluso hoy, puede encontrar isleños que se disgustan recordando las casi dos décadas de ocupación.

Durante la segunda mitad del siglo XX, los Duvaliers controlaron el país. El régimen totalitario obstaculizó aún más el crecimiento del país y aumentó la desigualdad de sus habitantes. La isla continuó siendo usada y maltratada mucho tiempo después de su independencia.

www.ingramcontent.com/pod-product-compliance
Lightning Source LLC
LaVergne TN
LVHW090038080526
838202LV00046B/3863